AF449822

Sub Tuum praesidium Immaculata

Padre Jean Baptiste Lemius
Oblato di Maria Immacolata

Catechismo sul Modernismo

a cura di Carlo Di Pietro

Prima edizione 2018
Collana *Apologetica*

a cura di Carlo Di Pietro
revisione di Maria Alfonsina Torre

Padre Jean Baptiste Lemius
(1851–1938)
Oblato di Maria Immacolata

Catechismo sul Modernismo
Secondo l'Enciclica *Pascendi dominici gregis* di Sua Santità Pio X

Edizioni consultate:
• Roma, 1908, Tipografia Vaticana
Traduzione dal francese del P. Giuseppe Ioppolo
Imprimatur, Fr. Albertus Lepidi, Ord. Præd., *S. P. A. Magister*
Imprimatur, Iosephus Ceppetelli, Part. Constant., *Vices-gerens*

Sursum Corda
C.da Piancardillo, snc - 85010 Pignola (PZ)
Sito: *https://www.sursumcorda.cloud/*
E-mail: *editoria@sursumcorda.cloud*
ISBN: 978-88-900747-8-3

Lettera introduttiva del Card. Merry del Val

llustrissimo Signore, un alto encomio oltre che l'espressione del più vivo gradimento io godo porgere alla S. V. Illma in nome del Sommo Pontefice, dopo la consegna che io ho fatta a Sua Santità dello splendido opuscolo di V. S. portante il titolo *«Catéchisme sur le Modernisme d'après l'Encyclique Pascendi dominici gregis».* L'indole del Pontificio documento ed il genere degli errori in esso condannati, poteva forse rendere alquanto malagevole la subita e completa intelligenza di tutte le più minute parti dell'importantissima *Enciclica* alle classi meno colte ed estranee al movimento delle buone e delle cattive sentenze, o a quelle altre che pur essendo sventuratamente troppo facili a dare adito agli errori, massime quando questi presentino una falsa esteriorità di scientifici, non sono poi così svegliate da comprendere con eguale prontezza la causa del male. Ella pertanto ha fatto opera di insigne utilità quando ha decomposto, secondo il metodo semplice e piano del nostro *Catechismo*, il documento medesimo, adattandolo per tal modo anche alla portata delle meno addestrate intelligenze. Sua Santità si compiace del geniale e proficuo lavoro di V. S., e mentre La loda anche per un altro titolo, per non essersi cioè menomamente

discostato dalle parole dell'*Enciclica*, Le offre l'augurio di vedere largamente diffuso il prodotto del provvido suo studio, e Le imparte di cuore l'Apostolica Benedizione. Mentre La rendo di ciò intesa, La ringrazio alla mia volta della copia di detto opuscolo a me gentilmente destinata e passo a confermarle i sensi di ben distinta stima con cui sono, Di V. S. Illma, Affmo per servirla,

R. Card. Merry del Val
Segretario di Stato di S. S.

Roma, 14 dicembre 1907

Prefazione

ra appena pubblicata l'Enciclica «*Pascendi dominici gregis*» irradiando di sua luce trionfante il mondo cattolico, e formando l'oggetto di ogni conversazione, sia nel campo sconcertato dei nemici di Santa Chiesa, che tra le file degli amici della verità, commossi e riconoscenti, quando volli far visita ai nuovi ospiti del castello di Poyanne, divenuto, in seguito alle recenti espulsioni, rifugio del Gran Seminario d'Aire-sur-l'Adour. Vi trovai l'abate Lahitton, il distinto professore che da ben quindici anni insegna Teologia dogmatica al giovane clero. Savio progressista, ma ostile ad ogni novità sovversiva, egli ha sempre combattuto energicamente contro la diffusione delle idee moderniste. Era raggiante di gioia. — *Che stupenda Enciclica!* esclamò in vedermi: *L'ha letta?* — *Se l'ho letta! E quale sacerdote, avendola, potrebbe aspettar l'indomani, per percorrerla da capo a fondo? Ma non basta leggerla; è necessario studiarla.* — *Certo,* mi rispose, *poiché è un vero programma di Teologia tracciato in vista delle necessità dei tempi presenti; che anzi tutte le scienze ecclesiastiche vi si trovano spiegate, l'una accanto all'altra, ricevendo ognuna dall'infallibile Vicario di G. C. la parola d'ordine, che deve assicurare i suoi progressi. — È vero,* replicai. *Noi ci troviamo innanzi ad uno splendido monumento,*

e ognuno dovrà decomporlo a pezzo a pezzo per poterlo analizzare nei suoi particolari. Ma temo che a molti manchi e tempo e coraggio. — Mi è venuta un'idea, riprese l'egregio professore. — Sarebbe? — Verso la fine dell'anno scolastico feci leggere ai miei cari allievi il suo Catechismo sull'Enciclica di Leone XIII «De Conditione Opificum». Le domande fanno risaltare e facilitano sommamente l'intelligenza delle risposte. Lei dovrebbe fare il Catechismo della nuova Enciclica. — Vi avevo già pensato, ma... — Bisogna farlo. Sarà un servizio reso a tanti sacerdoti, che assorti dalle occupazioni, non avranno tempo d'analizzare il documento pontificio; ai nostri seminaristi, che avranno così un manuale chiaro e preciso degli errori dei modernisti, e delle risposte per confutarle; ai giovani dei nostri circoli di studi, i quali pure debbono esser imbevuti di sane dottrine; a tanti altri... — Va benissimo! ma il tempo... i miei lavori apostolici me ne lasciano ben poco di resto. — E se ci mettessimo all'opera subito? — Lei lo desidera? — Di tutto cuore. E subito aprimmo l'*Enciclica.* Man mano che si andava innanzi, e che alle domande succedevano risposte chiare, convincenti, vittoriose, sottolineate dalle nostre esclamazioni ammirative, noi comprendevamo tutta l'utilità dell'opera. Sopraggiunto il professore di Filosofia, e letti alcuni fogli: *Sono,* disse, *dei potenti sprazzi di luce, che le loro domande proiettano sulle questioni anche più minute dell'Enciclica pontificia, in modo che nulla può sfuggire all'intelligenza.* Anche il venerando Vicario Generale, Direttore del Gran Seminario, rimase ammirato, avendo notato cose sfuggitegli nella prima lettura. Animati da tutto ciò, abbiamo finito l'opera, e l'offriamo a chiunque desidera studiare senza difficoltà e approfondire questa dottrina tanto opportuna, tanto necessaria a tutte le intelligenze contemporanee. Vogliano i

Sub Tuum praesidium Immaculata

cortesi lettori condividere con me la riconoscenza per il mio eccellente amico Abate Lahitton, il caro collaboratore, col quale passai momenti tanto piacevoli. Pio X dichiara che è tempo oramai di smascherare costoro *«per far conoscere alla Chiesa tutta chi siano»*. Pertanto il presente *Catechismo*, tolta loro la maschera, mette in evidenza i tratti orridi e ributtanti del Modernismo. Indietro! Indietro!

G. B. Lemius
Missionario Oblato di Maria Immacolata

Pericolosità del male del Modernismo

1 - 20

1. *Qual è il primo dovere assegnato da Nostro Signore al Sovrano Pontefice?*

Sua Santità Pio X ci risponde: «L'officio divinamente commessoci di pascere il gregge del Signore fra i primi doveri, imposti da Cristo, ha quello di custodire con ogni vigilanza il deposito della fede trasmesso ai santi, ripudiando le profane novità di parole e le opposizioni di una scienza di falso nome».

2. *Questa provvidenza fu sempre necessaria in ogni tempo?*

Questa provvidenza del Supremo Pastore non vi fu tempo che non fosse necessaria alla Chiesa cattolica: stante che, per opera del nemico del genere umano, mai non mancarono uomini di perverso parlare[1], cianciatori di vanità e seduttori[2] erranti e consiglieri agli altri di errore[3].

3. *Questi uomini, sudditi dell'errore e che all'errare trascinano,*

---

1 *Act., XX, 30.*
2 *Tit., I, 10.*
3 *II Tim., III, 13.*

sono più numerosi oggi e che scopo si prefiggono?

È da confessare che, in questi ultimi tempi, è cresciuto oltre misura il numero dei nemici della croce di Cristo; che, con arti non certo nuove e piene d'astuzia, si affaticano di rendere vana la virtù vivificatrice della Chiesa e scrollare dai fondamenti, se mai venga loro permesso, lo stesso regno di Gesù Cristo.

4. *Perché il Sommo Pontefice non può tacere?*

Non Ci è oggimai più lecito di tacere, se pur non vogliamo aver consapevolezza di mancare al dovere Nostro fondamentale, e che Ci sia apposta a trascuratezza di esso la benignità finora usata nella speranza di più sani consigli.

5. *Dove sono ora i fautori dell'errore? Sono dei nemici dichiarati?*

Ed a rompere senza più gli indugi ci spinge anzitutto il fatto, che i fautori dell'errore già non sono ormai da ricercarsi fra i nemici dichiarati; ma, ciò che dà somma pena e timore, si celano nel seno stesso della Chiesa, tanto più perniciosi, quanto meno sono in vista.

6. *Santissimo Padre, questi nemici nascosti, che causano tanto rammarico al Vostro cuore, sarebbero mai tra i cattolici? Se ne scoprono fra i Sacerdoti?*

Purtroppo! Alludiamo, o Venerabili Fratelli, a molti del laicato cattolico e, ciò ch'è più deplorevole, a non pochi dello stesso ceto sacerdotale, i quali, sotto finta di amore per la Chiesa, scevri d'ogni solido presidio di filosofico e teologico sapere, tutti anzi penetrati delle velenose dottrine dei nemici della Chiesa, si danno, senza ritegno di sorta, per riformatori della Chiesa medesima.

7. Questi laici cattolici, questi preti, che si spacciano per riformatori della Chiesa, osano essi affrontare l'opera di Gesù Cristo e la persona stessa di N. S. G. C.?

Fatta audacemente schiera, si gettano su quanto ha di più santo nell'opera di Cristo, non risparmiando la persona stessa del Redentore divino, che con ardimento sacrilego, rimpiccioliscono fino alla condizione di un puro e semplice uomo.

8. Ma questi uomini saranno stupefatti di essere contati dalla Santi Vergine fra i nemici della Chiesa?

Fanno meraviglia costoro perché Noi li annoveriamo fra i nemici della Chiesa; ma non potrà stupirsene chiunque, poste da banda le intenzioni di cui Dio solo è giudice, si faccia ad esaminare le loro dottrine e la loro maniera di parlare e di operare. Per verità non si allontana dal vero chi li ritenga fra i nemici della Chiesa i più dannosi.

9. Perché dite che sono i nemici più dannosi della Santa Chiesa?

Perché, come abbiamo già detto, i loro consigli di distruzione non li agitano costoro al di fuori della Chiesa, ma dentro di essa; ond'è che il pericolo si appiatta quasi nelle vene stesse e nelle viscere di lei, con rovina tanto più certa, quanto essi la conoscono più addentro.

10. *Per qual altro motivo sono i peggiori nemici della Chiesa?*

Di più, non pongono già la scure ai rami od ai germogli; ma alla radice medesima, cioè alla fede ed alle fibre di lei più profonde.

11. *A loro basta di troncare la radice della vita?*

Intaccata poi questa radice della immortalità, continuano a far correre il veleno per tutto l'albero in tale maniera che nessuna parte risparmiano della cattolica verità, nessuna che non cerchino di contaminare.

12. *Di quali mezzi si servono per raggiungere il loro intento? Qual è la loro tattica?*

Inoltre, nell'adoperare le loro mille arti per nuocere, nessuno li supera in accortezza ed in astuzia; giacché la fanno promiscuamente da razionalisti e da cattolici, e ciò con una tale fine simulazione da trarre agevolmente in inganno ogni incauto.

13. *Ma le conseguenze della loro dottrina dovrebbero fare inorridire e indietreggiare questi cattolici e questi preti?*

E poiché sono temerari quant'altri mai, non vi è conseguenza da cui rifuggano e non spaccino con animo franco ed imperterrito.

14. *Cos'è che li rende specialmente pericolosi e più potenti per sedurre le menti?*

Si aggiunga di più, e ciò è adattissimo a confondere le menti, il menare che essi fanno una vita operosissima, un'assidua e forte applicazione ad ogni tipologia di studi, e, il più sovente, la forma di una condotta austera.

15. *Può esservi qualche speranza di rimedio?*

Finalmente, e questo spegne quasi ogni speranza di guarigione, dalle stesse loro dottrine sono formati al disprezzo di ogni autorità e di ogni freno; e, adagiatisi in una falsa coscienza, si persuadono che sia amore di verità ciò che è infatti superbia ed ostinazione.

16. *Santissimo Padre, non avete la speranza di richiamare questi traviati?*

Sì, sperammo, a dire il vero, di riuscire, facendo il possibile, a richiamare costoro a più savi divisamenti; al qual fine, li trattammo dapprima come figli con soavità, passammo poi ad un fare severo, e finalmente, benché a malincuore, usammo pure i pubblici castighi. Ma voi sapete, o Venerabili Fratelli, come tutto riuscì invano; sembrarono abbassare la fronte per un istante ma la rialzarono subito con maggiore alterigia.

17. Giacché ogni speranza di convertire questi nemici è vana, perché dunque, Santo Padre alzate la voce?

Ah ! Se si trattasse solo di loro, potremmo forse tuttora dissimulare: ma trattasi invece della sicurezza del nome cattolico. È dunque importantissimo uscire dal silenzio, che ormai sarebbe colpa.

18. È dunque tempo di parlare?

Sì. È ormai tempo di smascherarli per far conoscere alla Chiesa tutta chi siano infatti costoro che così mal si camuffano.

19. Con che nome bisogna chiamare questi nuovi nemici di Gesù Cristo e della Santa Chiesa?

Col nome dei *Modernisti*. Che con siffatto nome sono chiamati, a ragione, comunemente costoro.

20. Qual è lo scopo dell'Enciclica e la sua divisione?

Poiché è artificio astutissimo dei modernisti presentare le loro dottrine non già coordinate e raccolte quasi in un tutto, ma sparse invece e disgiunte l'una dall'altra allo scopo di passare essi per dubbiosi e come incerti, mentre di fatto sono fermi e determinati; gioverà innanzi tutto raccogliere qui le dottrine stesse in un solo quadro, per passare poi a ricercare le fonti di tanto traviamento ed a prescrivere le misure per impedirne i danni.

La filosofia religiosa dei modernisti

21 - 94

21. *Per procedere con chiarezza nell'esposizione degli errori del Modernismo, quanti personaggi bisogna considerare nei modernisti?*

Al fine di procedere con ordine in una materia molto complessa, è da notare immediatamente che ogni modernista sostiene e quasi compendia in sé molteplici personaggi; quelli cioè di filosofo, di credente, di teologo, di storico, di critico, di apologista, di riformatore: e queste parti sono tutte ben da distinguersi una ad una, chi voglia conoscere a dovere il loro sistema e penetrare i princìpi e le conseguenze delle loro dottrine.

22. *Prendendo dunque le mosse dal filosofo, qual è la dottrina che i modernisti pongono come base della loro filosofia religiosa?*

Tutto il fondamento della filosofia religiosa è riposto dai modernisti nella dottrina che chiamano dell'*Agnosticismo*.

23. *Potete riassumere la dottrina dell'Agnosticismo?*

Secondo questa, la ragione umana è ristretta interamente

entro il campo dei fenomeni, che è quanto dire di quel che appare e nel modo in cui appare: nessun diritto, nessuna facoltà naturale le concedono di passare più oltre. Per questa motivazione, non è dato a lei d'innalzarsi a Dio, né di conoscerne l'esistenza, sia pure per intromessa delle cose visibili.

24. *Da questa dottrina che deducono i modernisti?*

E da ciò si deduce che Dio, riguardo alla scienza, non può affatto esserne oggetto diretto: riguardo alla storia, non deve mai reputarsi come soggetto storico.

25. *Poste tali premesse, quali sono le sorti della Teologia naturale, dei motivi di credibilità, dell'esterna rivelazione?*

Ognuno lo capisce facilmente. I modernisti tolgono via di mezzo tutto questo e ne fanno assegno all'*intellettualismo*, ridicolo sistema, come essi affermano, e tramontato già da gran tempo.

26. *Si lasciano almeno ritrarre dalle condanne della Chiesa?*

In ciò non ispira loro alcun ritegno il sapere che tali enormi errori furono già formalmente condannati dalla Chiesa.

27. *Ci potete esporre, in opposizione al Modernismo, la dottrina del Concilio Vaticano su questo punto?*

Il Concilio Vaticano così ebbe definito: «Se qualcuno dirà

che Dio uno e vero, Creatore e Signore nostro, per mezzo delle cose create, non possa conoscersi con certezza col lume naturale dell'umana ragione, sia anatema»[4], e similmente: «Se alcuno dirà non essere possibile, o non convenire che, mediante divina rivelazione, sia l'uomo ammaestrato di Dio e del culto che gli si deve, sia anatema»[5], e finalmente: «Se alcuno dirà che la rivelazione divina non possa essere fatta credibile da esterni segni e che perciò gli uomini non debbano essere mossi alla fede se non da sola interna esperienza o privata ispirazione, sia anatema»[6].

28. *In che maniera poi i modernisti dall'agnosticismo, che è puro stato d'ignoranza, passano all'ateismo scientifico e storico, che invece è stato di positiva negazione; e con qual diritto perciò di logica, dal non sapere se Iddio sia intervenuto o no nella storia dell'umano genere, si trascorre a spiegare tutto nella storia medesima, ponendo Dio interamente da parte come se in realtà non fosse intervenuto?*

Lo capisca chi può. Ma tanto è; per costoro è fisso e determinato che la scienza e la storia debba essere atea; entro l'ambito di esse non vi è luogo se non per i fenomeni, eliminato in tutto Iddio e quanto sa di divino.

29. *Da questa dottrina assurdissima che cosa si è costretti ad ammettere intorno alla persona augusta di Gesù Cristo: intorno ai misteri della Sua vita e della Sua morte: intorno alla Sua*

---

4   *De. Rev., Can. I.*
5   *De. Revel., Can. II.*
6   *De Fide., Can. III.*

risurrezione ed ascensione al cielo?

Lo vedremo a brevissimo.

30. *Da quanto finora esposto, l'agnosticismo non costituisce nella dottrina dei modernisti se non la parte negativa. Quale ne è dunque la parte positiva?*

La positiva[7] sta tutta nell'*immanenza vitale*.

31. *In che modo i modernisti passano dalla dottrina dell'agnosticismo a quella dell'immanentismo?*

Dall'una all'altra ecco con quale discorso procedono. La Religione, sia essa naturale o sopra natura, alla maniera di ogni altro fatto qualsiasi, vuole che ammetta una spiegazione. Ora, tolta di mezzo la naturale teologia, chiuso il cammino alla rivelazione per il rifiuto dei motivi di credibilità, negata anzi qualsivoglia esterna rivelazione, chiaro è che siffatta spiegazione invano si cerca fuori dell'uomo. Resta dunque che si cerchi nell'uomo stesso; e poiché la religione non è altro infatti che una forma della vita, la spiegazione di essa dovrà ritrovarsi appunto nella vita dell'uomo. Di qui il principio dell'*immanenza religiosa*.

32. *Capisco bene che i modernisti, fautori dell'agnosticismo, non possono cercare che nell'uomo e nella vita stessa dell'uomo la spiegazione della religione. Ed ora, per spiegare questa immanenza vitale, che cosa assegnano come primo stimolo e prima manife-*

---

7   *«Positiva» non significa buona, ndR.*

stazione di ogni fenomeno vitale, e in particolare della religione?

La prima mossa, per così dire, di ogni fenomeno vitale, quale si è detta essere altresì la religione, è sempre da ascrivere ad un qualche *bisogno*; i primordi poi, parlando strettamente di vita, sono da assegnare ad un movimento del cuore o vogliamo dire ad un *sentimento*.

33. *Secondo questa concezione modernista, qual è il principio della fede e quindi anche della religione?*

Per queste ragioni, essendo Iddio l'oggetto della religione, dobbiamo concludere che la fede, inizio e fondamento di ogni religione, deve riporsi in un sentimento che nasca dal bisogno della divinità.

34. *Questo bisogno della divinità è, almeno secondo la dottrina dei modernisti, del campo della coscienza?*

Questo bisogno, non sentendosi dall'uomo se non in determinate e particolari circostanze, non può di per sé appartenere al campo della coscienza.

35. *Dove giace dunque, secondo loro, questo bisogno della divinità?*

Giace da principio al disotto della coscienza medesima o, come dicono con vocabolo tolto a prestito dalla moderna filosofia, nella *subcoscienza*, ove la sua radice rimane occulta ed incomprensibile.

36. *Se si chiede in quale modo da questo bisogno della divinità, che l'uomo prova in sé stesso, si faccia poi trapasso alla religione, come rispondono i modernisti?*

I modernisti rispondono così. La scienza e la storia, essi dicono, sono chiuse come fra due termini: l'uno esterno, ed è il mondo visibile; l'altro interno, ed è la coscienza. Toccato che abbiano o l'uno o l'altro di questi termini, non hanno come passare più oltre: al di là, si trovano esse a faccia dell'*inconoscibile*. Dinanzi a questo *inconoscibile*, o sia esso fuori dell'uomo oltre ogni cosa visibile, o si celi entro l'uomo nelle latebre della *subcoscienza*, il bisogno del divino, senza verun atto previo della mente, secondo come vuole il *fideismo*, fa scattare nell'animo già inchinato a religione un certo particolare *sentimento*; il quale, sia come oggetto sia come causa interna, ha implicata in sé la realtà del divino e congiunge in una certa maniera l'uomo con Dio. A questo sentimento appunto si dà dai modernisti il nome di fede, e lo ritengono quale inizio della religione.

37. *Si limita a questo la filosofia dei modernisti?*

Non è tutto qui il filosofare, o, per meglio dire, il delirare di costoro.

38. *Che possono trovare, inoltre, nel loro preteso sentimento della divinità?*

In siffatto sentimento essi non riscontrano solamente la fede, ma con la fede e nella fede stessa, quale da loro è intesa, sostengono che vi si trovi altresì la rivelazione.

39. *Anche la rivelazione? E come mai?*

E che infatti può pretendersi di vantaggio per una rivelazione? O non è forse rivelazione, o almeno principio di rivelazione, quel *sentimento* religioso che si manifesta di tratto nella coscienza? Non è rivelazione l'apparire, benché in confuso, che Dio fa agli animi in quello stesso sentimento religioso? Aggiungono anzi di più che, essendo Iddio in pari tempo sia l'oggetto, sia la causa della fede, la detta rivelazione è al tempo stesso di Dio e da Dio; ha cioè insieme Iddio sia come rivelante, sia come rivelato.

40. *Qual è la dottrina assurda che deriva da questa filosofia, o per dir meglio, da questi deliri dei modernisti?*

Di qui, o Venerabili Fratelli, quell'assurdissimo enunciato dei modernisti, che ogni religione, secondo il vario aspetto sotto cui si riguardi, debba dirsi egualmente naturale e soprannaturale.

41. *Che ne segue ancora?*

Di qui lo scambiare che fanno, come di pari significato, coscienza e rivelazione.

42. *In conseguenza di ciò, che legge suprema ed universale vogliono imporre?*

Di qui la legge, per cui la coscienza religiosa si dà come regola universale, da porsi in tutto a pari della rivelazione, ed alla quale tutti hanno obbligo di sottostare.

43. *Tutto deve sottostarci? Non esclusa neanche l'autorità suprema della Chiesa?*

Tutto. Non esclusa la stessa autorità suprema della Chiesa, sia che Ella insegni sia che legiferi in materia di culto o di disciplina.

44. *Che ci vuole di più per dare un'idea completa dell'origine della fede e della rivelazione, come la intendono i modernisti?*

In tutto questo procedimento, dal quale, a detta dei modernisti, saltano fuori la fede e la rivelazione, è opportuno tenere d'occhio un punto, che è di capitale importanza per le conseguenze storico-critiche, che ne derivano.

45. *Come si presenta alla fede quell'Inconoscibile della filosofia modernista, qual è stato spiegato più sopra?*

Quell'*Inconoscibile*, di cui parlano, non si presenta già alla fede come nudo in sé ed isolato; ma così bene strettamente congiunto ad un qualche fenomeno, che quantunque appartenga al campo della scienza o della storia, pure in una certa maniera ne trapassa i confini.

46. *Che cosa sarà dunque questo fenomeno?*

Tale fenomeno potrà essere un fatto qualsiasi della natura, che in sé racchiude alcun che di misterioso; potrà essere altresì un uomo, il cui carattere, i cui atti, le cui parole mal si compongono con le leggi ordinarie della storia.

47. *Da questo collegamento dell'Inconoscibile con un fenomeno, che ne avviene per la fede?*

Orbene, la fede, attirata dall'*Inconoscibile* racchiuso nel fenomeno, s'impadronisce di tutto intero il fenomeno stesso e lo penetra in certo qual modo della sua vita.

48. *Che consegue da questa estensione della fede al fenomeno e da cotesta compenetrazione di vita?*

Da ciò due cose conseguitano.

49. *Qual è la prima conseguenza?*

La prima, una tal quale *trasfigurazione* del fenomeno, per una, diremmo, quasi elevazione sulle condizioni sue proprie, che lo rende come materia acconcio alla forma del divino che la fede v'introdurrà.

50. *Qual è la seconda conseguenza?*

La seconda, un certo *sfiguramento*, nato da ciò, che avendo la fede tolto il fenomeno ai suoi aggiunti di tempo e di luogo, facilmente gli attribuisce quello che nella realtà delle cose non ha affatto.

51. *Questo doppio lavoro di trasfigurazione e di sfiguramento in quale fenomeno, secondo i modernisti, viene soprattutto ad operarsi?*

Questo avviene sopratutto quando si tratta di fenomeni di antica data, e tanto più quanto più son remoti.

52. *Che leggi traggono i modernisti da questi due capi?*

Da questi due capi i modernisti traggono per loro due canoni: i quali, uniti ad un terzo già dedotto dall'agnosticismo, formano quasi la base della critica storica.

53. *Spiegate con un esempio queste tre leggi?*

Illustriamo il fatto con un esempio, preso dalla persona di Gesù Cristo. Nella persona di Cristo, dicono, la scienza e la storia non trovano nulla al di là dell'uomo. Dunque, in vigore del primo canone dato dall'agnosticismo, dalla storia di essa deve cancellarsi tutto quanto sa di divino. Più oltre, in conformità del secondo canone, la persona storica di Cristo è stata *trasfigurata* dalla fede: dunque fa d'uopo spogliarla di tutto ciò che la innalza sopra le condizioni storiche. Per ultimo, la stessa è stata *sfigurata* dalla fede, secondo quanto insegna il terzo canone: dunque sono da rimuoversi da lei i discorsi, i fatti, tutto quello insomma che non risponde al suo carattere, alla sua condizione ed educazione, al luogo ed al tempo in cui visse.

54. *Che dottrina strana!*

Strano certamente parrà a noi questo modo di ragionare: ma qui sta la critica dei modernisti.

55. *Il sentimento religioso sarebbe, dunque, secondo i modernisti, il vero germe e la spiegazione totale di tutto ciò che è religione?*

Per l'appunto, al dire dei modernisti, il *sentimento religioso* che per *vitale immanenza* si sprigiona dai nascondigli della *subcoscienza*, è il germe di tutta la religione ed è, insieme, la ragione di quanto fu o sarà per essere in qualsivoglia religione.

56. *Come progredisce questo sentimento religioso?*

Rude dapprima e quasi informe, a poco a poco, sotto l'influsso del misterioso principio che gli diede origine, esso è venuto perfezionandosi, a seconda dei progressi della vita umana, di cui, come si disse, è una forma.

57. *Tutte le religioni, secondo i modernisti, nacquero dunque così?*

Questa la nascita di qualsiasi religione.

58. *Anche se è soprannaturale?*

Sia pure soprannaturale; esse altro non sono che semplici esplicazioni dell'anzidetto sentimento.

59. *Non faranno eccezione per la religione cattolica?*

Né credasi già che diversa sia la sorte della religione cattolica;

anzi in tutto pari alle altre.

60. *Dove ha avuto origine la religione cattolica?*

Nella coscienza di Cristo, uomo di elettissima natura quale mai altro simile si vide né mai si troverà.

61. *E da qual principio osano essi pretendere che sia nata nella coscienza di Cristo?*

Non altrimenti essa è nata che per processo di *vitale immanenza*.

62. *Che audacia! Che bestemmia!*

Nell'udire tali cose, noi trasecoliamo di fronte ad affermazioni cotanto audaci e sacrileghe!

63. *Ma, Santo Padre, non altri che gl'increduli parlano a questo modo?*

Il Santo Padre risponde attristato: «Eppure, non sono esse un parlare temerario solamente d'increduli. Sono uomini cattolici, sono anzi sacerdoti, non pochi, che così la discorrono pubblicamente».

64. *Ma questi cattolici, questi sacerdoti che cosa pretendono?*

Con siffatti deliri si danno vanto di riformare la Chiesa!

65. *Non sembrerebbe che questo Modernismo sia l'antico errore di Pelagio?*

Qui non si tratta più del vecchio errore, che alla natura umana concedeva quasi un dritto all'ordine soprannaturale. Si va assai più oltre.

66. *E come si va oltre Pelagio?*

Sino cioè, ad affermare che la religione nostra santissima, nell'uomo Cristo del pari che in noi, è frutto interamente spontaneo della natura. Del quale asserto non sappiamo qual sia mezzo più acconcio per sopprimere ogni ordine soprannaturale.

67. *Qual è, in questa materia, la dottrina del Concilio Vaticano?*

Con somma ragione il Concilio Vaticano pronunciò: «Se alcuno dirà non poter l'uomo essere elevato da Dio ad una eminenza e perfezione che superi la natura, ma potere e dovere di per sé stesso, con un perpetuo progresso, giungere finalmente al possesso di ogni vero e di ogni bene, sia anatema»[8].

68. *Avete detto che i modernisti trovano la fede nel sentimento. L'intelletto umano non vi ha parte alcuna?*

Fin qui non abbiamo visto farsi per niente ricorso all'azione dell'intelletto. Eppure, secondo le dottrine dei modernisti,

---

8   *De Revel., Can. III.*

ha essa ancora la sua parte nell'atto di fede e giova osservare in che modo.

69. *Ma pareva che il sentimento, secondo i modernisti, dovesse bastare per presentarci Dio, che è l'oggetto e l'autore della fede?*

In quel *sentimento*, dicono, di cui sovente si è portato, appunto perché è *sentimento*, e non cognizione, Dio si presenta bensì all'uomo, ma in maniera così confusa, che nulla o a malapena si distingue dal soggetto credente.

70. *Che manca, dunque, a codesto sentimento?*

Fa dunque necessità che sopra quel sentimento si getti un qualche raggio di luce, affinché Dio ne venga fuori per intero e pongasi in contrapposto col soggetto.

71. *Sarebbe questo, dunque, il compito dell'intelletto nell'atto di fede modernista?*

Sì. È questo il compito dell'intelletto: di cui è proprio il pensare ed analizzare, e per mezzo del quale l'uomo prima traduce in rappresentazioni mentali i fenomeni di vita che sorgono in lui, e poi li significa con verbali espressioni. Di qui il detto volgare dei modernisti che l'uomo religioso deve *pensare* la sua fede.

72. *Dateci il paragone di cui si servono i modernisti per ben chiarire quale sia il compito dell'intelletto, rispetto al sentimento, nell'atto di fede.*

L'intelletto, sopravvenendo al sentimento, su di esso si ripiega e vi fa intorno un lavorìo somigliante a quello d'un pittore, che illumina e ravviva il disegno di un quadro svanito per la vecchiaia. Il paragone è di uno dei maestri del Modernismo.

73. *Come opera la mente in questo lavoro della formazione della fede?*

Doppio è l'operare della mente in siffatto sistema.

74. *Qual è il primo operare della mente in questo sistema?*

Dapprima con un atto nativo e spontaneo, esprimendo la sua nozione con una proposizione semplice e volgare.

75. *Qual è il secondo operare della mente in questo sistema?*

Quindi, con riflessione e più intima penetrazione o, come dicono, *lavorando il suo pensiero*, rende ciò che ha pensato con proposizioni *secondarie*, derivate bensì dalla prima, ma più affinate e distinte.

76. *In che modo, poi, queste proposizioni, frutto del lavoro della mente sul suo proprio pensiero, diverranno infine dogmi di fede?*

Queste proposizioni, ove poi ottengano la sanzione del Magistero supremo della Chiesa, costituiranno appunto il *dogma*.

77. *Eccoci dinnanzi al Dogma: non è, esso, per i modernisti il punto capitale?*

Nella dottrina dei modernisti ci troviamo, con ciò, giunti ad uno dei capi di maggior rilievo, all'origine cioè e alla natura stessa del dogma.

78. *Qual è, secondo loro, l'origine del dogma?*

L'origine del dogma essi la ripongono in quelle *primitive* formule semplici; le quali, sotto un certo aspetto, devono ritenersi come essenziali alla fede, giacché la rivelazione, perché sia veramente tale, richiede la chiara apposizione di Dio nella coscienza. Il dogma stesso poi, secondo quanto sembrano dire, è istituito propriamente dalle formule *secondarie*.

79. *Ed ora come potremo conoscere quale sia, secondo i modernisti, la natura del dogma?*

A conoscere bene la natura del dogma, è uopo ricercare anzitutto quale relazione passi fra le *formule religiose* ed il *sentimento religioso*.

80. *Come si scoprirà questa relazione?*

In ciò non troverà alcuna difficoltà, chi tenga fermo, che il fine di cotali *formule* altro non è, se non di dar modo al credente di rendersi ragione della propria fede.

81. *Che cosa costituiscono queste formule tra il credente e la sua fede?*

Tali *formule* stanno come di mezzo fra il credente e la fede di lui: per rapporto alla fede, sono espressioni inadeguate del suo oggetto e sono dai modernisti chiamati *simboli*, per rapporto al credente, si riducono a meri *strumenti*.

82. *Che si può dedurre da ciò per riguardo alla verità contenuta in queste formule?*

Non è lecito, pertanto, in nessun modo il sostenere che esse esprimano una verità assoluta.

83. *Che cosa sono queste formule considerate come simboli, secondo i modernisti?*

Come *simboli* sono semplici immagini di verità, e perciò da doversi adattare al sentimento religioso in ordine all'uomo.

84. *Che cosa sono, poi, come strumenti?*

Come *strumenti*, sono veicoli di verità, e perciò da acconciarsi a loro volta all'uomo in ordine al sentimento religioso.

85. *Queste formule dogmatiche, simboli della fede e strumenti del credente, saranno almeno invariabili?*

Poiché questo sentimento, così come quello che ha per oggetto l'*assoluto*, porge infiniti aspetti, dei quali oggi l'uno, domani l'altro può apparire; e similmente colui che crede può passare per altre ed altre condizioni; ne segue che pure le *formule*, che noi chiamiamo *dogmi*, devono sottostare ad uguali vicende ed essere perciò variabili.

86. *Ma così si avrà la variazione sostanziale dei dogmi?*

Così si è aperto il varco alla intima *evoluzione* dei dogmi. Infinito cumulo di sofismi che abbatte e distrugge ogni religione!

87. *E questa variazione del dogma non è solamente possibile, ma ancora necessaria?*

Questa, non pur possibile ma necessaria evoluzione e mutazione dei dogmi, non solo i modernisti l'affermano arditamente, ma è conseguenza legittima delle loro sentenze.

88. *Da quale principio fondamentale i modernisti deducono la necessità della variazione dei dogmi?*

Fra i capisaldi della loro dottrina vi è ancora questo, tratto dal principio dell'*immanenza vitale*: che le *formule religiose*, affinché siano realmente tali e non mere speculazioni dell'intelletto, è necessario che siano vitali e che vivano della stessa vita del *sentimento religioso*.

89. *Ma, poiché queste formole devono essere viventi della medesima vita del sentimento religioso, bisognerà dunque costruirle a bella posta per il sentimento religioso?*

Ciò non è da intendersi, quasi che tali formole, specie se puramente speculative, siano state costruite a bella posta per il sentimento religioso; giacché poco monta della loro origine, come altresì del loro numero e della loro qualità: ma così, che le stesse, fatte delle modificazioni, se occorre al bisogno, vengono *vitalmente* assimilate dal sentimento religioso.

90. *Che cos'è questa assimilazione vitale fatta dal sentimento?*

Per dirla in altri termini, fa di mestieri che la *formula primitiva* sia accettata e sancita dal cuore e che il susseguente lavoro per la formazione delle *formule secondarie* sia fatto sotto la direzione del cuore.

91. *In che modo la necessità di quest'assimilazione vitale trascina con sé la variazione sostanziale dei dogmi?*

In questo modo, che siffatte formule, affinché siano vitali, debbono essere e mantenersi adatte tanto alla fede quanto al credente. Cosicché, se per una ragione qualsiasi cotale adattamento venga meno, esse perdono il primitivo significato e vogliono esser cambiate.

92. *Ma allora in che stima i modernisti pongono le formule dogmatiche?*

Essendo tali il valore e la sorte mutevole delle formule dommatiche, non reca stupore che i modernisti le abbiano tanto in scherno; mentre al contrario non fanno che ricordare ed esaltare il *sentimento religioso* e la *vita religiosa*.

93. *Che contegno prendono di fronte alla Chiesa riguardo alle formule dogmatiche?*

Criticano con somma audacia la Chiesa, accusandola di camminare fuori strada, né di saper distinguere fra il senso materiale delle formule ed il loro significato religioso e morale; ed attaccandosi con ostinazione, ma vanamente, a formule vuote di senso, lasciando che la religione precipiti a rovina.

94. *Qual è il giudizio definitivo da dare sui modernisti in ciò che riguarda la verità dogmatica?*

Oh ! veramente *ciechi e conduttori di ciechi*, che, gonfi del superbo nome di scienza, vaneggiano fino al punto di pervertire l'eterno concetto di verità ed il genuino sentimento religioso: *spacciando un nuovo sistema, col quale, tratti da una sfrontata e sfrenata smania di novità, non cercano la verità ove certamente si trova; e disprezzate le sante ed apostoliche tradizioni, si attaccano a dottrine vuote, futili, incerte, riprovate dalla Chiesa, e con esse, uomini stoltissimi, si credono di puntellare e sostenere la stessa verità.*[9]

---

9   *Greg. XVI, Enc., 1834, Singulari nos.*

Il modernista credente

95 - 134

95. *Fin qua abbiamo parlato del modernista considerato come filosofo. Veniamo, ora, a considerarlo nella sua qualità di credente. Vorremmo sapere in che cosa, nel medesimo modernista, si distingue il credente dal filosofo?*

Se vogliamo conoscere in che modo, nel Modernismo, il credente si differenzi dal filosofo, conviene osservare che, quantunque il filosofo riconosca per oggetto della fede la realtà divina, pure questa realtà l'incontra non altrove che nell'animo del credente, come oggetto di sentimento e di affermazione: che essa poi esista, o non esista, in sé medesima fuori di quel sentimento e di quella affermazione, a lui proprio non importa. Al contrario, il credente ha come certo ed indubitato che la *realtà divina* esiste di fatto in sé stessa, né dipende da chi crede.

96. *Se poi cerchiamo quale fondamento abbia tale asserzione del credente?*

I modernisti rispondono: l'*Esperienza individuale*.

97. *È dunque da questo che si dividono dai razionalisti?*

Nel dir ciò, se costoro si distanziano dai razionalisti, cadono nell'opinione dei protestanti e dei pseudo-mistici.

98. *In che modo essi spiegano che per mezzo dell'esperienza personale, arrivano alla certezza dell'esistenza di Dio in sé?*

Così essi discorrono. Nel sentimento religioso si deve riconoscere quasi una certa intuizione del cuore: la quale mette l'uomo in contatto immediato con la realtà stessa di Dio.

99. *Attingono Dio senza nessun intermediario. Che certezza pretendono di avere con questa intuizione del cuore?*

Godono di una persuasione tale dell'esistenza di Lui e della Sua azione, sia dentro sia fuori dell'uomo, da sorpassare di gran lunga ogni convincimento scientifico. Asseriscono pertanto una vera esperienza, e tale da vincere qualsivoglia esperienza razionale.

100. *Ma se così è, come mai ci sono uomini che non hanno questa esperienza di Dio?*

Se essa da taluno, come dai razionalisti, è negata, dicono che ciò accade perché costoro non vogliono porsi nelle morali condizioni, che sono richieste per ottenerla.

101. *È, dunque, questa esperienza individuale ciò che costituisce il credente?*

Sì. Questa *esperienza*, dopo che qualcuno l'abbia conseguita, è quella che lo costituisce propriamente e veramente credente.

102. *Tutto ciò non è contrario alla fede cattolica?*

Quanto siamo qui lontani dagli insegnamenti cattolici! Simili vaneggiamenti li abbiamo già uditi condannare dal Concilio Vaticano. Vedremo più avanti come, con siffatte teorie, congiunte agli altri errori già mentovati, si spalanchi la via all'ateismo.

103. *Non vi pare che, con questi principii, i modernisti debbano ammettere la verità di tutte le religioni?*

È evidente. Posta questa dottrina dell'*esperienza* unitamente all'altra del *simbolismo*, ogni religione, sia pur quella degli idolatri, deve ritenersi siccome vera. Perché, infatti, non sarà possibile che tali esperienze s'incontrino in ogni religione? E che si siano di fatto incontrate non pochi lo pretendono. E con qual diritto i modernisti negheranno la verità ad un'esperienza affermata da un islamita?

104. *E con quale diritto rivendicheranno esperienze vere per i soli cattolici?*

Ed infatti i modernisti non negano, concedono anzi, alcuni velatamente, altri apertissimamente, che tutte le religioni sono vere.

105. *Ed in vero è questa una conclusione assolutamente necessaria del loro sistema?*

Che non possono sentire altrimenti, è cosa manifesta. Difatti per qual ragione, secondo i loro punti di dottrina, potrebbe mai ad una religione, qual che si voglia, attribuirsi la falsità? Senza dubbio per uno di questi due: o per la falsità del *sentimento* religioso, o per la falsità della *formula* pronunciata dalla mente. Ora il sentimento religioso, benché possa essere più o meno perfetto, è sempre uno: la formula poi intellettuale, perché sia vera, basta che risponda al sentimento religioso ed al credente, che che ne sia della forza d'ingegno in costui.

106. *Ma i modernisti non rivendicheranno una superiorità per la religione cattolica?*

Tuttalpiù, nel conflitto fra diverse religioni, i modernisti potranno sostenere che la cattolica ha più elementi di verità, perché più vivente, e merita con più ragione il titolo di *cristiana*, perché risponde più pienamente alle origini del cristianesimo. Che dalle premesse date scaturiscano siffatte conseguenze, non può affatto sembrare assurdo.

107. *La condotta di alcuni cattolici, ed anche di alcuni sacerdoti, non è tale da far credere che ammettono tali mostruosità?*

È assurdissimo invece che cattolici e sacerdoti, i quali, come preferiamo credere, aborrono da tali enormità, si portino nei fatti quasi ad ammetterle. Giacché tali sono le lodi che tributano ai maestri di siffatti errori, tali gli onori che rendono loro pubblicamente, da dare agevolmente a supporre che essi non onorano già le persone, forse non prive di un qualche merito, ma piuttosto gli errori che quelle professano apertamente e cercano a tutt'uomo di propagare.

108. *Non applicano i modernisti il principio dell'esperienza religiosa anche alla tradizione?*

Oltre a quanto appena detto, questa dottrina dell'*esperienza* è contrarissima alla cattolica verità per un altro motivo. Difatti essa viene estesa ed applicata alla tradizione, quale fin ora fu intesa dalla Chiesa e la distrugge.

109. *Infatti com'è concepita dai modernisti la tradizione?*

Come se fosse una comunicazione dell'*esperienza originale* fatta agli altri, mediante la predicazione per mezzo della formula intellettuale.

110. *Che efficacia attribuiscono essi a questa formula intellettuale per riguardo alla predicazione?*

A questa formula, oltre il valore rappresentativo, attribuiscono una medesima efficacia di suggestione.

111. *E su chi si esplica questa suggestione?*

Si esplica tanto in colui che crede, per risvegliare il sentimento religioso, a caso intorpidito, e rinnovare l'esperienza già avuta una volta; quanto in coloro che ancora non credono, per suscitare in essi la prima volta il sentimento religioso e produrvi l'esperienza.

112. *È, dunque, in questo modo che l'esperienza religiosa fa nascere la tradizione?*

In questa maniera l'esperienza religiosa si viene a propagare fra i popoli; nè solo nei presenti per via della predicazione, ma anche fra i venturi sia per mezzo dei libri, e sia per la trasmissione orale degli uni agli altri.

113. *Per quali segni i modernisti giudicano circa la verità d'una tradizione?*

Avviene, poi, che una simile comunicazione dell'esperienza si abbarbichi, talora, e viva; talora isterilisca, subito, e muoia. Il vivere è per i modernisti prova di verità: giacché verità e vita sono per essi una medesima cosa.

114. *Se verità e vita sono una medesima cosa, che bisogna ancora concludere?*

Da ciò è dato nuovamente desumere che tutte le religioni, quante mai esistono, sono egualmente vere, poiché se non lo fossero, non vivrebbero.

115. *Possiamo ora farci un'idea delle relazioni che i modernisti stabiliscono fra la scienza, compresavi la storia, e la fede?*

Condotte fin qui le cose, abbiamo abbastanza in mano per conoscere quale ordine stabiliscano i modernisti fra la fede e la scienza, col qual nome di *scienza* intendono essi anche la storia.

116. *Che differenze passano fra l'oggetto dell'una e dell'altra?*

In primo luogo si deve tenere, che l'oggetto dell'una è affatto estraneo all'oggetto dell'altra, e da questo separato. Dato che la fede si occupa chiaramente di cose, che la scienza professa essere a sé inconoscibili. Quindi diverso è il campo ad entrambe assegnato: la scienza è tutta nella realtà dei fenomeni, ove non entra affatto la fede; la fede, al contrario, si occupa della realtà divina, che alla scienza è del tutto sconosciuta.

117. *Secondo loro dunque non vi è dissidio possibile fra la scienza e la fede?*

Da questo si viene a concludere che tra la fede e la scienza non ci può esser mai dissidio: giacché se ciascuno tiene il suo campo, non potranno mai incontrarsi, né perciò contraddirsi.

118. *Se a ciò si oppone che nel mondo visibile vi sono cose che pure appartengono alla fede, come la vita umana di Cristo?*

I modernisti rispondono negando.

119. *E come potranno negarlo?*

Perché, quantunque tali cose siano sul novero dei fenomeni, pure, in quanto sono *vissute* dalla fede e, nel modo qui indicato, sono state da essa *trasfigurate* e *sfigurate*, furono tolte dal mondo sensibile e trasferite ad essere materia del divino.

120. *Quindi, qualora si ricercasse se Cristo abbia fatto dei veri miracoli e vere profezie, se veramente sia risorto ed asceso al cielo, che risponderanno?*

Lo negherà la scienza agnostica. Lo affermerà la fede.

121. *E non si avrà, in ciò, potente contraddizione fra la scienza e la fede?*

Non vi sarà lotta fra le due , dato che lo negherà il filosofo qual filosofo, parlando a filosofi e considerando unicamente Cristo nella sua realtà storica; l'affermerà il credente come credente, parlando a credenti e considerando la vita di Cristo quale è vissuta dalla fede e nella fede.

122. *Se la fede e la scienza si tengono in campi assolutamente separati, non vi sarà dunque, secondo i modernisti, subordinazione alcuna tra loro?*

S'ingannerebbe a partito chi, date queste teorie, si credesse autorizzato a credere essere la fede e la scienza indipendenti l'una dall'altra. Sì, della scienza ciò è fuor di dubbio; ma è ben altro della fede, la quale deve andar soggetta alla scienza.

123. *La fede andar soggetta alla scienza? In forza di che?*

Non per una ma per tre motivazioni.

124. *Qual è la prima di queste motivazioni, secondo i modernisti?*

È da riflettersi in primo luogo che in ogni fatto religioso, toltane la *realtà divina* e l'*esperienza* che di essa ha chi crede, tutto il rimanente, e soprattutto le formule religiose, non escono dal campo dei fenomeni: e cadono quindi sotto il dominio della scienza. Esca pure il credente dal mondo, se gli vien fatto; finché però resterà nel mondo, non potrà mai sottrarsi, lo voglia o no, alle leggi, all'osservazione, ai giudizi della scienza e della storia.

125. *Qual è la seconda motivazione di subordinazione della fede alla scienza?*

Di più, benché sia detto che Dio è oggetto della sola fede, ciò nondimeno deve solo intendersi della *realtà divina*, non già della *idea di Dio*. L'idea di Dio è pur essa sottoposta alla scienza; la quale, mentre spazia nell'ordine logico, si solleva fino all'assoluto ed all'ideale. È dunque diritto della filosofia o della scienza sindacare l'idea di Dio, dirigerla nella sua evoluzione, correggerla qualora vi si immischi qualche elemento estraneo: da qui il ripetere che fanno i modernisti che l'evoluzione religiosa deve essere coordinata con la evoluzione morale ed intellettuale; ossia, come insegna uno dei loro maestri, deve essere *subordinata*.

126. *Qual è la terza motivazione di subordinazione della fede alla scienza?*

Per ultimo è pur da osservare che l'uomo non soffre in sé dualismo: per la qual cosa il credente prova in sé stesso un intimo bisogno di armonizzare in questa maniera la fede con la scienza, che non si opponga al concetto generale che scientificamente si ha dell'universo.

127. *Così dunque, secondo la dottrina dei modernisti, si avrebbe la schiavitù della fede in riguardo alla scienza?*

Sì. Così si evince essere la scienza totalmente libera dalla fede: la fede, invece, nonostante si decanti estranea alla scienza, diviene a questa sottoposta.

128. *In che modo Pio IX e Gregorio IX hanno stimmatizzato tali dottrine?*

Queste cose tutte sono diametralmente contrarie a ciò che insegnava il Nostro antecessore Pio IX: «È dovere della filosofia, in materia di religione, non dominare ma servire, non prescrivere ciò che si debba credere, ma abbracciarlo con ragionevole ossequio, né scrutar l'altezza dei misteri di Dio, ma piamente ed umilmente venerarla»[10]. I modernisti invertono del tutto le parti. Ond'è che ad essi può applicarsi ciò che l'altro Nostro predecessore Gregorio IX scriveva di taluni teologi del suo tempo: «Alcuni fra voi, gonfi come otri dallo spirito di vanità, si sforzano con novità profana di valicare i termini segnati dai Padri; piegando alla dottrina filosofica dei razionali l'intelligenza delle pagine celesti, non per profitto degli uditori ma per far pompa di scienza (...). Questi, sedotti da dottrine diverse e peregrine, tramutano in coda il capo e costringono la regina a servire all'ancella»[11].

---

10   *Brev. al Vesc. di Wratislav, 15 giugno 1857.*
11   *Lett. ai Maestri di teologia di Parigi, 7 Luglio 1228.*

129. *La condotta dei modernisti cattolici è conforme ai loro princìpi?*

Ciò parrà più manifesto dalla condotta stessa dei modernisti, interamente conforme a quel che insegnano. Negli scritti e nei discorsi essi sembrano non rare volte sostenere ora una dottrina ora un'altra; talché si è facilmente indotti a giudicarli vaghi ed incerti. Ma tutto ciò è fatto di proposito; per l'opinione, cioè, che sostengono della mutua separazione della fede e della scienza. Quindi avviene che nei loro libri si incontrano cose che ben direbbe un cattolico ; ma, al voltar della pagina, si trovano altre che si stimerebbero dettate da un razionalista.

130. *In fatto di storia non hanno essi un doppio contegno?*

Scrivendo di storia, non fanno pur menzione della divinità di Cristo; predicando invece nelle chiese, l'affermano con risolutezza. Di qui, parimenti, nella storia non fanno nessun conto né di Padri né di Concilii; ma, se catechizzano il popolo, li citano con rispetto.

131. *E in fatto di esegesi?*

Distinguono l'esegesi teologica e pastorale dall'esegesi scientifica e storica.

132. *E quando trattano di altri lavori scientifici?*

Similmente, dal principio che la scienza non ha dipendenza alcuna dalla fede, quando trattano di filosofia, di storia, di critica, non avendo orrore di premere le orme di Lutero [12] fanno pompa di un certo disprezzo delle dottrine cattoliche, dei santi Padri, dei sinodi ecumenici, del Magistero ecclesiastico; e, se vengono di ciò ripresi, gridano alla manomissione della libertà.

133. *Qual condotta, conseguentemente, tengono i modernisti di fronte al Magistero della Chiesa?*

Da ultimo, posto l'aforisma che la fede deve assoggettarsi alla scienza, criticano di continuo ed all'aperto la Chiesa perché con somma ostinatezza rifiuta di sottoporre ed accomodare i suoi dogmi alle opinioni della filosofia

134. *Ed essi che fanno della teologia cattolica?*

Essi, da parte loro, messa fra i ciarpami la vecchia teologia, si adoperano di porne in voga una nuova, tutta ligia ai deliramenti dei filosofi.

---

12   *Prop. 29 condannata dal Papa Leone X, Boll. «Exurge Domine», 16 Maggio 1520. «Ci si è aperta la strada per isnervare l'autorità dei Concilii e contraddire liberamente alle loro deliberazioni, e giudicare i loro decreti e confessare arditamente tutto ciò che ci sembra vero, sia approvato o condannato da qualunque Concilio».*

Il modernista teologo

135 - 154

135. *Con questo ci si dà finalmente il passo per osservare i modernisti sull'arena teologica. Ci spiegate il loro sistema?*

Difficile compito: ma con poco potremo trarci d'impaccio.

136. *Di che si tratta per il teologo modernista?*

Il fine da ottenere è la conciliazione della fede con la scienza, restando, però, sempre incolume il primato della scienza sulla fede.

137. *Di che metodo si serve?*

In questo affare il teologo modernista si giova degli stessissimi princìpi che vedemmo usati dalla filosofia, adattandoli al credente: ossia i princìpi dell'*immanenza* e del *simbolismo*.

138. *Qual è il suo procedimento?*

Ecco con quanta speditezza egli compie il suo lavoro. - Ha detto il filosofo: *Il principio della fede è immanente*; il credente ha soggiunto: *Questo principio è Dio*; il teologo dunque conclude: *Dio è immanente nell'uomo*. Di qui l'asserto dell'*immanenza teologica*. Parimenti: il filosofo ha ritenuto come certo che *le rappresentazioni dell'oggetto della fede sono semplicemente simboliche*; il credente ha affermato che *l'oggetto della fede è Dio in sé stesso*; il teologo dunque pronunzia: *Le rappresentazioni della realtà divina sono simboliche*. Di qui il *simbolismo teologico*.

139. *Qual è il giudizio da dare su questa immanenza teologica e simbolismo teologico?*

Sono errori per verità enormi; quanto siano perniciosi, si vedrà luminosamente nell'osservarne le conseguenze.

140. *Cominciando dal simbolismo teologico, che conseguenze ne derivano?*

Per dir subito del *simbolismo*, i simboli, essendo tali in relazione all'oggetto, ed in relazione al credente non essendo che strumenti, ne derivano due conseguenze.

141. *Qual è la prima conseguenza del simbolismo teologico?*

È necessario innanzitutto, così insegnano i modernisti, che il credente non si attacchi troppo alla formula, ma se ne giovi solo allo scopo di unirsi all'assoluta verità, cui la formula rivela insieme e nasconde, si sforza cioè di esprimere ma senza mai riuscirvi.

142. *E la seconda conseguenza del simbolismo teologico?*

Vogliono, in secondo luogo, che il credente usi tali formule tanto quanto gli sono utili, poiché sono date per giovamento e non per averne intralcio.

143. *Il credente deve, dunque, usare delle formule a suo piacimento?*

Sì, risponde il modernista; salvo, s'intende, il rispetto che, per riguardi sociali, si deve alle formule giudicate adeguate dal pubblico Magistero ad esprimere la coscienza comune, finché però lo stesso Magistero non stabilisca altrimenti.

144. *E per quel che concerne l'immanenza teologica, qual è la vera idea dei modernisti?*

Quanto poi all'*immanenza,* non è agevole determinare ciò che per essa intendano i modernisti; giacché diverse sono fra essi le opinioni.

145. *Diteci le diverse loro opinioni e le conseguenze.*

Alcuni sostengono che Dio operante sia intimamente presente all'uomo, più che non sia l'uomo a sé stesso; il che, sanamente inteso, non può riprendersi. Altri pretendono che l'azione divina sia una con l'azione della natura, come di causa prima con quella di causa seconda; e ciò distruggerebbe l'ordine soprannaturale. Altri, per ultimo, la spiegano in modo da dar sospetto di un senso panteistico; il che, a dire il vero, è più coerente col rimanente delle loro dottrine.

146. *A questo principio d'immanenza, secondo i modernisti, non se*

ne aggiunge qualche altro?

A questo postulato dell'*immanenza* un altro se ne aggiunge, che si può definire della *permanenza divina*.

147. *In che differisce questo principio da quello dell'immanenza?*

L'uno dall'altro si fa differire quasi a quel modo stesso, che l'esperienza privata differisce dall'esperienza trasmessa per tradizione.

148. *Non è troppo chiaro tutto ciò. Non vi dispiacerebbe di spiegarmi meglio questa dottrina?*

Un esempio illustrerà il concetto: sia l'esempio della Chiesa e dei Sacramenti.

149. *Che dicono sull'istituzione della Chiesa e dei Sacramenti?*

La Chiesa, dicono, ed i Sacramenti, non si devono credere istituiti da Cristo stesso.

150. *E come mai? L'istituzione immediata della Chiesa e dei Sacramenti per opera di Gesù Cristo sarebbe dunque in contraddizione coi princìpi modernisti?*

Dire che la Chiesa ed i Sacramenti siano stati istituiti direttamente da Gesù Cristo lo vieta l'agnosticismo, che in Cristo non riconosce nulla più che un uomo, la cui coscienza religiosa, come quella di ogni altro uomo, si è formata a poco a poco: lo vieta la legge dell'*immanenza*, che non ammette, per dirlo con una parola, esterne *applicazioni*: lo vieta pure la legge dell'evoluzione, che per lo svolgersi dei germi richiede tempo ed una certa serie di circostanze: lo vieta finalmente la storia, che mostra tale essere stato il corso delle cose.

151. *Ma, allora, la Chiesa ed i Sacramenti non sono stati istituiti da Nostro Signore Gesù Cristo?*

È da tenersi, secondo i modernisti, che Chiesa e Sacramenti furono istituiti *mediatamente* da Cristo.

152. *In che modo i teologi modernisti cercano di provare l'origine divina della Chiesa e dei Sacramenti?*

In qual modo? Eccolo: Le coscienze tutte cristiane, essi dicono, furono virtualmente incluse nella coscienza di Gesù Cristo, come la pianta nel seme. Ora poiché i germi vivono la vita del seme, così deve affermarsi che tutti i cristiani vivono la vita di Cristo. Ma la vita di Cristo, secondo la fede, è divina; dunque anche quella dei cristiani. Se pertanto questa vita, nel corso dei secoli, diede origine alla Chiesa ed ai Sacramenti, con ogni diritto si potrà dire che tale origine è da Cristo ed è divina.

153. *I modernisti si servono del medesimo processo per stabilire l'origine divina della Scrittura Sacra e dei dogmi?*

Nello stesso modo provano essere divine le Scritture, divini i dogmi.

154. *È questa tutta la teologia dei modernisti?*

E con ciò la teologia modernistica può dirsi compiuta. Esigua cosa a dire il vero; ma più che abbondante per chi professa doversi sempre ed in tutto rispettare le conclusioni della scienza. L'applicazione, poi, di queste teorie agli altri punti che verremo esponendo, ognuno potrà farla per sé stesso.[13]

---

13 *Qui il Sommo Pontefice pare che dichiari essere cosa superflua il seguire il teologo ed il credente ed il filosofo allo stesso tempo in ciò che riguarda i rampolli della fede, come l'ha fatto per la fede stessa. Ecco perché, dopo averci messo sott'occhio il ristretto bagaglio della teologia modernista e quanto sia facile proseguire il parallelismo, si limiterà, salvo brevi indicazioni, ad esporre la filosofia modernista per ciò che concerne i rampolli. Lascia a noi la cura di farvi l'applicazione dei principi teologici.*

I germi della fede per il modernista

155 - 238

155. *Fin qua avete parlato sopratutto dell'origine e della natura della fede. Ma nel sistema dei teologi modernisti, la fede non avrebbe per avventura dei germi?*

Molti sono i germi[14] della fede, e principali fra essi la Chiesa, il dogma, il culto, i Libri Sacri.

156. *Di questi che insegnano i modernisti?*

Per iniziare dal dogma, l'origine e la natura di esso qual sia, si è già indicato più sopra.

157. *Da dove nasce il dogma secondo la teologia dei modernisti?*

Il dogma nasce dal bisogno che prova il credente di lavorare sul suo pensiero religioso, sì da rendere la sua e l'altrui coscienza sempre più chiara.

158. *In che consiste questo lavorìo?*

---

14 *Qui la parola «germe» s'intende non nel senso di causa interna vitale, bensì di effetto ed equivale a «germoglio» o «rampollo». (N. del traduttore).*

Tale lavorìo consiste tutto nell'indagare e nel mettere in chiaro la *formula* primitiva.

159. *Indagarla e mettere in chiaro la formula primitiva?*

Non già, rispondono essi, in sé stessa e razionalmente, ma rispetto alle circostanze o, come più astrusamente dicono, *vitalmente*.

160. *Che cosa produce questo lavorìo secondo i teologi modernisti?*

Di qui si ha che intorno alla medesima si vadano formando delle *formule secondarie*, che poi, sintetizzate e riunite in una unica costruzione dottrinale, quando questa sia suggellata dal pubblico Magistero come rispondente alla coscienza comune, si chiamerà *dogma*.

161. *I modernisti fanno distinzione tra il dogma e le speculazioni teologiche?*

Dal dogma sono da distinguere accuratamente le speculazioni teologiche.

162. *Ed a che servono tali speculazioni teologiche?*

Queste, benché non vivano della vita del dogma, pur tuttavia non sono inutili sia per armonizzare la religione con la scienza e togliere fra loro ogni contrasto, sia per lumeggiare esternamente e difendere la religione stessa: e chi sa che forse non giovino altresì per preparare la materia di un dogma futuro.

163. *Qual è la dottrina dei teologi modernisti sul culto e sui Sacramenti?*

Del culto non vi sarebbe gran che da dire, se sotto questo nome non venissero altresì i Sacramenti, intorno ai quali sono gravissimi gli errori dei modernisti.

164. *Da che deriva il culto secondo loro?*

Il culto vogliono che risulti da un doppio bisogno; giacché, torniamo ad osservarlo, nel loro sistema tutto va attribuito ad intimi bisogni.

165. *Ci indicate questo doppio bisogno di cui parlano i teologi modernisti?*

L'uno è quello di dare alla religione qualcosa di sensibile; l'altro è il bisogno di propagarla, il che non potrebbe avvenire senza una qualche forma sensibile e senza atti santificanti, che si dicono *Sacramenti*.

166. *Che cosa sono i Sacramenti per i modernisti?*

I Sacramenti, per i modernisti, si riducono a meri simboli o segni, non però privi di efficacia.

167. *Come spiegano i modernisti l'efficacia dei Sacramenti?*

Si adoperano di spiegarla con l'esempio di certe parole che volgarmente diconsi aver fatto fortuna, per avere acquistato la forza di diffondere talune idee potenti e che colpiscono grandemente gli animi. Come quelle parole sono ordinate alle dette idee, così i Sacramenti al sentimento religioso.

168. *Nulla di più?*

Nulla di più. Parlerebbero certamente più chiaro[15] ove affermassero che i Sacramenti sono istituiti unicamente per nutrire la fede. Ma ciò è condannato dal Concilio di Trento: «Se alcuno dirà che questi Sacramenti sono istituiti solo per nutrire la fede, sia anatema»[16].

169. *Quali sono i Libri Sacri per i modernisti?*

Della natura e dell'origine dei Libri Sacri si è già detto. Secondo il pensiero dei modernisti, si può ben definirli una raccolta di *esperienze*: non di quelle che comunemente ognuno può avere, ma delle straordinarie e più insigni che si siano avute in una qualche religione.

170. *Questa definizione si estende anche ai nostri Libri Sacri?*

Così essi, appunto, insegnano a riguardo dei nostri Libri del Vecchio e del Nuovo Testamento.

---

15 *La diabolica scaltrezza - o malizia - dei modernisti consisteva, almeno all'epoca, soprattutto nell'uso smodato di sofismi e di proposizioni fortemente camaleontiche, al fine di non incorrere immediatamente in censure, sanzioni o scomuniche, ndR.*

16 *Sess. VII, de Sacramentis in genere, can. 5.*

171. *L'esperienza è sempre del presente. Tuttavia i Libri Sacri racchiudono delle storie del passato e delle profezie nell'avvenire. In che modo dunque i modernisti possono chiamarli raccolte d'esperienze?*

A loro comodo notano, assai scaltramente, che, sebbene l'esperienza sia del presente, può tuttavia prendere materia dal passato ed anche dal futuro, dato che il credente o per la memoria rivive il passato a maniera del presente, o vive già l'avvenire per anticipazione. Usando questa astuzia, essi possono computare fra i Libri Santi anche gli storici e gli apocalittici.

172. *I libri sacri non sono la parola di Dio?*

In questi Libri parla bensì Dio per mezzo del credente; ma, come vuole la teologia modernistica, solo per *immanenza* e *permanenza vitale*.

173. *In che consisterà dunque, secondo i modernisti, l'ispirazione?*

Rispondono che non si distingue, se non forse per una certa maggiore veemenza, dal bisogno che sente il credente di manifestare a voce e per iscritto la propria fede. È più o meno simile a quello che si avvera nell'ispirazione poetica; per cui un tale diceva: *È Dio in noi, da lui agitati noi c'infiammiamo.* È questo, appunto, il modo onde Dio deve dirsi origine dell'ispirazione dei Libri Sacri.

174. *Secondo loro l'ispirazione è universale? Che cos'è, come la*

intendono, dal punto di vista cattolico?
I modernisti affermano, inoltre, che nulla vi è in questi libri che non sia ispirato. In conseguenza di ciò, qualcuno potrebbe crederli più ortodossi di certi altri moderni che restringono alquanto l'ispirazione, come, a mo' di esempio, nelle cosiddette *citazioni tacite*. Ma queste non sono che lastre e parole. Dato che se, secondo l'agnosticismo, riteniamo la Bibbia come un lavoro umano, fatto da uomini per servigio di uomini, salvo pure al teologo di chiamarla *divina* per *immanenza*; come mai l'ispirazione potrebbe in essa restringersi? Sì, i modernisti affermano una ispirazione totale: ma, nel senso cattolico, non ne ammettono proprio nessuna.

175. *Più larga materia ci offre ciò che la scuola dei modernisti fantastica a riguardo della Chiesa. Qual è, secondo loro, l'origine della Chiesa?*

È qui da presupporre che la Chiesa, secondo loro, è frutto di due *bisogni*; uno del credente, specie se abbia avuto qualche esperienza originale e singolare di comunicare ad altri la propria fede; l'altro della collettività, dopo che la fede si è fatta comune a molti, di aggrupparsi in società e di conservare, accrescere e propagare il bene comune.

176. *Che cos'è, dunque, la Chiesa?*

Un parto della *coscienza collettiva* ossia della collettività di coscienze individuali; le quali, in forza della *permanenza vitale*, pendono tutte da un primo credente, cioè, per i Cattolici, da Cristo.

177. Da dove ha origine nella Chiesa Cattolica, secondo i teologi modernisti, l'autorità disciplinare, dottrinale e liturgica?

Ogni società ha *bisogno* di un'autorità che la regga; il cui compito sia dirigere gli associati al fine comune, e conservare saggiamente gli elementi di coesione, i quali, in una società religiosa, sono la dottrina ed il culto. Da cui nella Chiesa cattolica una triplice autorità: *disciplinare, dogmatica, cultuale.*

178. Da che deducono la natura e i diritti dell'autorità?

La natura di questa autorità dovrà desumersi dalla sua origine; e dalla natura si dovranno a loro volta dedurre i diritti ed i doveri.

179. Che dicono i teologi modernisti dell'autorità della Chiesa nei tempi passati?

Fu errore volgare dell'età passata che l'autorità sia venuta alla Chiesa dal di fuori, cioè immediatamente da Dio; e perciò era giustamente ritenuta *Autocratica.*

180. Ed oggi?

Oggi queste teorie sono passate di moda. Come la Chiesa è emanata dalla collettività delle coscienze, cosi l'autorità emana vitalmente dalla stessa Chiesa.

181. *Secondo i teologi modernisti, l'autorità della Chiesa dipende dunque dalla coscienza collettiva?*

Sì. L'autorità, come la Chiesa stessa, nasce dalla coscienza religiosa, e perciò alla medesima resta soggetta.

182. *E se la Chiesa nega questa soggezione, che ne sarà di lei, secondo questa dottrina?*

Venendo meno a siffatta soggezione, si volge in tirannide.

183. *Ma ciò non significa lo stesso che dire di voler stabilire nella Chiesa il potere democratico?*

Nei tempi che corrono il sentimento di libertà è giunto al suo pieno sviluppo. Nello stato civile la pubblica coscienza ha voluto un regime popolare. Ma la coscienza nell'uomo, come la vita, è una sola. Se dunque l'autorità della Chiesa non vuol suscitare e mantenere una guerra intestina nelle coscienze umane, è opportuno che si pieghi anch'essa a forme democratiche.

184. *Non piegandosi a questa dottrina modernista, che ne sarebbe della Chiesa e della religione?*

A negarvisi, lo sfacelo sarebbe imminente. È da pazzo credere che possa sorgere un regresso sul sentimento di libertà, quale domina al presente. Stretto e rinchiuso con violenza, straripperà più potente, distruggendo insieme la religione e la Chiesa.

185. *Secondo l'idea dei modernisti qual è, insomma, la loro intenzione finale?*

Fin qui il ragionare dei modernisti; e la conseguenza è che sono tutti protesi a trovare modi per conciliare l'autorità della Chiesa con la libertà dei credenti.

186. *La Chiesa non ha relazioni con le società civili?*

La Chiesa non trova solamente fra le sue stesse pareti con chi doversi rapportare amichevolmente, ma anche fuori. Non è sola ad occupare il mondo; l'occupano insieme altre società, con le quali non può non avere uso e commercio.

187. *Quali sono, secondo i modernisti, i diritti e i doveri della Chiesa verso le società civili?*

Ben s'intende che tale determinazione deve essere desunta dalla natura della Chiesa stessa, quale i modernisti l'hanno descritta.

188. *Quali regole dovranno usarsi, secondo i modernisti, per le relazioni fra Chiesa e Stato?*

Le regole da usarsi sono quelle stesse che sopra si adoperarono per la scienza e per la fede. Ivi si parlava di *oggetti*, qui di *fini*. Come, dunque, per *ragione dell'oggetto*, vollero la fede e la scienza vicendevolmente estranee; così lo Stato e la Chiesa son l'uno all'altro estranei per il fine a cui tendono,

temporale per lo Stato, spirituale per la Chiesa.
189. *In che modo, secondo i modernisti, si attribuì in altri tempi alla Chiesa l'autorità che essi non le consentono oggi?*

Fu d'altre età il sottomettere il temporale allo spirituale; il parlarsi di questioni *miste*, nelle quali la Chiesa interveniva quasi *signora e regina*, perché la Chiesa si stimava istituita immediatamente da Dio, come autore dell'ordine soprannaturale. Ma la filosofia e la storia non ammettono più tali credenze.

190. *Chiedono essi, dunque, la separazione della Chiesa dallo Stato?*

Sì. Lo Stato deve separarsi dalla Chiesa e, per ugual ragione, il cattolico dal cittadino.

191. *In pratica quale deve essere, secondo loro, il contegno di ogni cattolico in quanto cittadino?*

Il cattolico, perché insieme cittadino, ha diritto e dovere, non curandosi dell'autorità della Chiesa, dei suoi desideri, consigli e comandi, sprezzate altresì le sue riprensioni, di fare quello che giudicherà espediente per il bene della patria.

192. *La Chiesa non ha, dunque, il diritto di prescrivere al cittadino cattolico una linea di condotta?*

Voler imporre al cittadino una linea di condotta sotto qualsiasi pretesto, dicono i modernisti, è un vero abuso di potere ecclesiastico.

193. *E se la Chiesa vuole in ciò intervenire?*

Quest'abuso, dicono, è da respingersi con ogni sforzo.

194. *Questi princìpi non sono stati già condannati dalla Chiesa?*

Le teorie dalle quali diramano tutti questi errori, sono quelle, appunto, che il nostro Predecessore Pio VI già condannò solennemente nella costituzione Apostolica «*Auctorem Fidei*»[17].

195. *Basta alla scuola dei modernisti che lo Stato sia separato dalla Chiesa?*

Non basta alla scuola modernista che lo Stato sia separato dalla Chiesa. Come la fede, quanto agli elementi fenomenici, deve sottostare alla scienza; così nelle cose temporali la Chiesa deve essere soggetta allo Stato.

196. *E non si vergognano d'insegnare tali cose?*

Questo forse non l'asseriscono apertamente; ma, per forza

---

17   *Prop 2. La proposizione che stabilisce che la potestà è stata da Dio data alla Chiesa, perché fosse comunicata ai Pastori, che sono ministri di lei per la salute delle anime; così intesa, che la potestà del ministero e regime ecclesiastico si derivi nei Pastori dalla Comunità dei fedeli: eretica. - Prop. 3. Inoltre, quella che stabilisce, il Romano Pontefice esser capo ministeriale; così spiegata, che il Romano Pontefice, non da Cristo nella persona del beato Pietro, ma dalla Chiesa abbia avuta la potestà del ministero, di cui come successore di Pietro, vero Vicario di Cristo e capo di tutta la Chiesa gode nella Chiesa universa: eretica.*

di raziocinio, sono costretti ad ammetterlo.

197. *In che modo un'enormità simile si deduce dai princìpi dei modernisti?*

Dato che, concesso che lo Stato abbia assoluta padronanza in tutto ciò che è temporale, se avvenga che il credente, non soddisfatto della religione dello spirito, esca in atti esteriori, quali per esempio l'amministrarsi o il ricevere dei Sacramenti, bisognerà che questi cadano sotto il dominio dello Stato. E che sarà, dopo ciò, dell'autorità ecclesiastica? Visto che questa non si spiega se non per atti esterni, sarà in tutto e per tutto assoggettata al potere civile.

198. *Ma, allora, pare che per liberarsi da questo giogo dello Stato, se i modernisti la vincessero, non sarebbe più possibile un culto esterno, né alcuna società religiosa?*

Così è infatti. È questa ineluttabile conseguenza che trascina molti fra i protestanti liberali a sbarazzarsi d'ogni culto esterno, anzi d'ogni esterna società religiosa; i quali, invece, si adoperano di porre in voga una religione che chiamano *individuale*.

199. *I modernisti non sono ancora giunti a tal punto, ma come preparano le menti e che dicono dell'autorità disciplinare della Chiesa?*

Se i modernisti, a luce di sole, non si spingono ancora tanto oltre, insistono intanto perché la Chiesa si pieghi spontaneamente ove essi la vogliono trarre e si adegui alle forme civili.

Tutto ciò tramite l'autorità *disciplinare*.

200. *E quali sono i loro insegnamenti sull'autorità dottrinale?*

Assai più gravi e più perniciose sono le loro affermazioni a riguardo dell'autorità, *dottrinale* e *dogmatica*.

201. *Ci dite come la pensano circa il Magistero ecclesiastico?*

Circa il Magistero ecclesiastico così essi la pensano. La società religiosa non può veramente essere una senza unità di coscienza nei suoi membri e senza unità di formula. Ma questa duplice unità richiede, per così dire, una mente comune, a cui spetti trovare e determinare la formula che meglio risponda alla coscienza comune; alla qual mente fa d'uopo, inoltre, attribuire un'autorità che basti solo per imporre alla comunità la formula stabilita. Ora nell'unione e quasi fusione della mente designatrice della formula e della autorità che la impone, i modernisti individuano il concetto del Magistero ecclesiastico.

202. *Ma questa è pura democrazia! È lo stesso che subordinare il potere dottrinale al giudizio del popolo?*

Infatti, loro dicono: «poiché in fin dei conti il Magistero non nasce che dalle coscienze individuali; ed a bene delle stesse coscienze ha imposto un pubblico officio; ne consegue, di necessità, che debba dipendere dalle medesime coscienze e debba quindi avviarsi a forme democratiche».

203. *I teologi modernisti tacciano, dunque, di abusivo il Magistero della Chiesa?*
Il proibire, pertanto, alle coscienze degli individui che facciano pubblicamente sentire i loro bisogni; il non digerire che la critica spinga il dogma verso necessarie evoluzioni; non è già uso di potestà, data per il pubblico bene, ma abuso.

204. *Nell'uso dell'autorità concesso dai modernisti, la Chiesa è sovrana?*

No! Nell'uso stesso della potestà è opportuno serbare modo e misura. Sa di tirannide condannare un libro all'insaputa dell'autore, senza ammettere spiegazioni di sorta, né discussione.

205. *Ma, insomma, che ci vuole per compiacere codesti teologi modernisti?*

È da ricercarsi, essi pretendono, una via di mezzo, che salvi insieme i diritti dell'autorità e della libertà.

206. *E nel frattempo che farà il cattolico?*

Nel frattempo il cattolico si regolerà in modo da non smettere pubblicamente di dichiararsi rispettosissimo dell'autorità, continuando però sempre ad operare a suo piacimento.

207. *Ribelli all'Autorità della Chiesa, i teologi modernisti accorderanno almeno alla Chiesa il diritto d'un culto solenne e d'un certo apparato esterno?*

In generale vogliono ammonire la Chiesa che, poiché il fine della potestà ecclesiastica è tutto spirituale, disdice ogni esterno apparato di magnificenza con cui essa si circonda agli occhi delle moltitudini. In ciò non riflettono che, se la religione è essenzialmente spirituale, non è tuttavia ristretta al solo spirito; e che l'onore tributato all'autorità ridonda su Gesù Cristo che ne fu istitutore.

208. *Finisce qui tutta la dottrina dei teologi modernisti?*

Per compiere tutta questa materia della fede e dei diversi suoi germi, rimane, da ultimo, che ascoltiamo le teorie dei modernisti circa lo sviluppo dei medesimi.

209. *In che modo arrivano al punto capitale del loro sistema?*

È loro principio generale che in una religione vivente tutto debba essere mutevole e mutarsi di fatto. Di qui proseguono verso quella che è una delle principali fra le loro dottrine, vogliamo dire *all'evoluzione.*

210. *Quali sono, in teologia, le materie che sottostanno all'evoluzione secondo i modernisti?*

Dogma, Chiesa, culto, Libri Sacri, anzi la fede stessa, se non devono essere cose morte, è opportuno, essi dicono, che sottostiano alle leggi dell'evoluzione.

211. *Questa evoluzione è un principio universale?*

Non si udirà con stupore siffatto principio da chi rammenti quanto i modernisti sono venuti affermando intorno a ciascuno di questi oggetti.

212. *Posta, pertanto, la legge dell'evoluzione, in quale maniera si effettua tale evoluzione? E, cominciando dalla fede, quale ne fu la forma primitiva?*

La forma primitiva della fede, essi dicono, fu *rudimentaria* e comune indistintamente a tutti gli uomini; giacché nasceva dalla natura e dalla vita umana.

213. *Come progredì, secondo i modernisti, la fede?*

Il progresso si ebbe per sviluppo vitale; che è come dire non per aggiunta di nuove forme apportate dal di fuori, ma per una crescente penetrazione nella coscienza del sentimento religioso.

214. *Quale fu il doppio carattere di questo progresso della fede?*

Doppio quindi fu il modo di progredire della fede: prima *negativamente*, col liberarsi da ogni elemento estraneo, come ad esempio dal sentimento di famiglia o di nazionalità; quindi *positivamente*, mercé il perfezionarsi intellettuale e morale dell'uomo, per cui l'idea divina si ampliò ed illustrò, e il sentimento religioso divenne più squisito.

215. *Quali cause si possono assegnare del progresso della fede?*

Del progresso della fede non altre cause si possono assegnare che quelle stesse alle quali già si spiegò la sua origine. Alle quali, però, è necessario aggiungere quei geni religiosi, che noi chiamiamo *profeti* e dei quali Cristo fu *il sommo*.

216. *In quale modo i teologi modernisti intendono che questi uomini straordinari concorrano al progresso della fede?*

Sia perché nella vita o nelle parole ebbero un certo che di misterioso, che la fede attribuiva alla divinità; sia perché a loro toccarono esperienze nuove ed originali in piena armonia coi bisogni del loro tempo.

217. *A che cosa sopratutto, i modernisti, attribuiscono il progresso del dogma?*

Il progresso del dogma nasce principalmente dal bisogno di superare gli ostacoli della fede, di vincere gli avversari, di ribattere le difficoltà; senza dire dello sforzo continuo di cercare vie per meglio penetrare gli arcani della fede.

218. *Spiegateci tutto ciò con un esempio. In quale modo, secondo i modernisti, si è giunti a proclamare la divinità di Gesù Cristo?*

Così, per tacere d'altri esempi, è avvenuto di Cristo; in cui quel più o meno di divino, che la fede in esso ammetteva, si venne gradatamente amplificando: in modo che finalmente fu ritenuto per Dio.

219. *Quale sarà lo stimolo precipuo di evoluzione per il culto?*

Lo stimolo precipuo di evoluzione per il culto sarà il bisogno di adattarsi agli usi ed alle tradizioni dei popoli, come altresì di usufruire della virtù che certi atti hanno ricevuto dall'usanza.

220. *E la Chiesa in cosa trova la sua ragione di evolversi?*

La Chiesa trova la sua ragione di evolversi, a detta dei modernisti, nel bisogno di adeguarsi alle condizioni storiche e di accordarsi con le forme di civile governo pubblicamente adottate.

221. *È proprio questa l'evoluzione nei suoi particolari? Ci dite qual è il suo fondamento essenziale nel sistema dei modernisti?*

Così i modernisti di ciascun capo in particolare. E qui, prima di andare oltre, bramiamo che ben si avverta di nuovo a questa loro dottrina dei *bisogni*; giacché essa, oltreché di quanto fin'ora abbiam visto, è quasi base e fondamento di quel vantato metodo che chiamano *storico*.

222. *Con questa teoria dei bisogni abbiamo esaurito tutta la dottrina dei modernisti sull'evoluzione?*

Non ancora. Restando tuttavia nella teoria dell'evoluzione, di più osserviamo che, quantunque i bisogni servano da stimolo per l'evoluzione, essa nondimeno, regolata unicamente da siffatti stimoli, valicherebbe facilmente i termini della tradizione, e, strappata così dal primitivo principio vitale, meglio che a progresso, finirebbe in rovina.

223. *Che cosa bisogna ancora aggiungere per denunciare tutto il pensiero dei modernisti?*

Studiando più a fondo il pensiero dei modernisti, deve dirsi che l'evoluzione è come il risultato di due forze che si combattono, delle quali l'una è progressiva, l'altra conservatrice.

224. *Qual è, nella Chiesa, la forza conservatrice?*

La forza conservatrice nella Chiesa consiste nella tradizione. L'esercizio di lei è proprio dell'autorità religiosa.

225. *In che modo l'autorità religiosa rappresenta la forza conservatrice?*

La rappresenta sia per diritto, giacché sta nella natura di qualsiasi autorità il tenersi ferma il più possibile alla tradizione; sia per fatto, perché, sollevata al di sopra delle contingenze della vita, poco o nulla sente gli stimoli che spingono al progresso.

226. *La forza progressiva dove si trova?*

Al contrario: la forza che, rispondendo ai bisogni, trascina a progredire, cova e lavora nelle coscienze individuali, in quelle soprattutto che sono, come dicono, più a contatto della vita.

227. Ma allora si direbbe che i modernisti ripongono la forza del progresso all'infuori della gerarchia?
Senza dubbio. Ed osservate qui di passaggio, lo spuntar fuori di quella dottrina rovinosissima, che introduce il laicato nella Chiesa come fattore di progresso.

228. In virtù di quale combinazione della forza conservatrice e della forza progressiva, i modernisti intendono le modificazioni ed i progressi nella Chiesa?

Da una specie di compromesso fra le due forze di conservazione e di progressione, cioè fra l'autorità e le coscienze individuali nascono le trasformazioni ed i progressi. Le coscienze individuali, o talune di esse, fanno pressione sulla coscienza collettiva; e questa a sua volta sull'autorità, e la costringe a capitolare ed a scendere a patti.

229. Che pensano i modernisti quando l'autorità religiosa li riprende o li colpisce?

Ciò ammesso, ben si comprendono le meraviglie che fanno i modernisti, se avvenga che siano biasimati o puniti. Ciò che loro si ascrive a colpa, essi, al contrario, lo ritengono un sacrosanto dovere. Essi dicono che nessuno meglio di loro conosce i bisogni delle coscienze, perché si trovano con queste a più stretto contatto che non si trovi la potestà ecclesiastica. Incarnano quasi in se stessi quei bisogni tutti: e quindi il dovere per loro di parlare apertamente e di scrivere. Li biasimi pure l'autorità; la coscienza del dovere li sostiene, e ritengono per intima esperienza di non meritare riprensioni ma encomi.

230. *Che contegno prendono i modernisti quando sono colpiti dalla Chiesa?*

Purtroppo essi sanno che i progressi non si hanno senza combattimenti, né i combattimenti senza vittime: e bene, saranno essi le vittime, come già i profeti e Cristo. Né, perché siano trattati male, odiano l'autorità: concedono che ella adempia il suo dovere. Solo rimpiangono di non essere ascoltati, perché di tal modo il progredire degli animi si ritarda.

231. *Nutrono qualche speranza?*

Essi assicurano che verrà senza meno il tempo di rompere gli indugi, giacché le leggi dell'evoluzione si possono raffrenare, ma non possono affatto spezzarsi.

232. *Cessano almeno di proseguire il loro piano?*

Continuano il loro cammino, continuano benché ripresi e condannati, celando un'incredibile audacia col velo di una apparente umiltà. Piegano fintamente il capo, ma la mano e la mente proseguono con più ardimento il loro lavoro.

233. *Perché allora i modernisti simulano di sottomettersi? Perché non escono dalla Chiesa come gli eretici?*

Così essi operano scientemente e volontariamente: perché è loro regola che l'autorità debba essere spinta non rovesciata; anche

perché hanno bisogno di non uscire dalla cerchia della Chiesa, per poter cambiare a poco a poco la coscienza collettiva.
234. *Modificare la coscienza collettiva? Ma, secondo i loro princìpi, dovrebbero sottostare a questa coscienza collettiva?*

Non si accorgono, quando dicono ciò, di confessare che la coscienza collettiva dissente da loro, e che quindi con nessun diritto essi si dicono interpreti della medesima.

235. *Che si deve concludere a proposito della dottrina modernista?*

Per i modernisti, dunque, nella Chiesa nulla vi deve essere di stabile, nulla d'immutabile.

236. *Hanno avuto, in questa sentenza, dei precursori?*

In questa sentenza non mancarono ad essi dei precursori, quelli cioè dei quali il Nostro Predecessore Pio IX già scriveva: «Questi nemici della divina rivelazione, che esaltano con altissime lodi l'umano progresso, vorrebbero con temerario e sacrilego ardimento introdurlo nella cattolica religione, quasi che la stessa religione fosse opera non di Dio ma degli uomini o un qualche ritrovato filosofico che con messi umani possa essere perfezionato»[18].

237. *I modernisti ci danno una dottrina nuova sulla rivelazione e sul dogma? Non è stata essa già condannata?*

Circa la rivelazione, specialmente, e circa il dogma la dottrina

---

18   *Qui pluribus, 9 Nov. 1846.*

dei modernisti non ha filo di novità; ma è quella stessa che nel «*Sillabo*» di Pio IX ritroviamo condannata, così espressa: «La divina rivelazione è imperfetta e perciò soggetta a continuo ed indefinito progresso, che risponda a quello dell'umana ragione»[19]. Più solennemente poi la troviamo riprovata dal Concilio Vaticano in questi termini: «Nè la dottrina della fede, che Dio rivelò, è proposta agli umani ingegni da perfezionare come un ritrovato filosofico, ma come un deposito consegnato alla Sposa di Cristo, da custodirsi fedelmente e da dichiararsi infallibilmente. Quindi dei sacri dogmi altresì deve sempre ritenersi quel senso, che una volta dichiarò la santa Madre Chiesa, né mai deve allontanarsi da quel senso sotto pretesto e nome di più alta intelligenza»[20].

238. *È intenzione della Chiesa d'impedire, con ciò, l'esplicazione delle nostre cognizioni, anche in materia di fede?*

Con ciò senza dubbio l'esplicazione delle nostre cognizioni, anche circa la fede, è lungi che venga impedita, che anzi ne è aiutata e promossa. Difatti lo stesso Concilio prosegue dicendo: «Cresca dunque molto e con slancio progredisca l'intelligenza, la scienza, la sapienza così dei singoli come di tutti, così di un solo uomo come di tutta la Chiesa coll'avanzare delle età e dei secoli; ma solo nel suo genere, cioè nello stesso dogma, nello stesso senso e nella stessa sentenza»[21].

---

19 *Sillabo, Prop. V.*
20 *Constit. Dei Filius, cap. IV.*
21 *Idem.*

Il modernista storico e critico

239 - 311

239. *Ma ormai - dopo avere osservato nei seguaci del Modernismo il filosofo, il teologo, il credente - che ci resta da osservare?*

Resta che osserviamo parimenti lo storico, il critico, l'apologista.

240. *Di che sembrano solleciti certi modernisti datisi allo studio della storia?*

Taluni dei modernisti, che si danno a scrivere storia, paiono oltremodo solleciti di non passare per filosofi.

241. *Che dicono sulla loro competenza in fatto di filosofia?*

Professano di essere affatto ignari di filosofia.

242. *Il dichiarare tale ignoranza è cosa sincera?*

Ciò è un tratto di finissima astuzia.

243. *Perché, dunque, gli storici modernisti si spacciano per ignoranti di filosofia?*

Affinché nessuno creda che essi siano infetti da pregiudizi filosofici e non siano, perciò, come dicono, affatto *obbiettivi*.

244. *Tuttavia gli storici modernisti permettono che, per quanto pretendano di evitarlo, i sistemi filosofici esercitino una qualche influenza su di loro?*

Il vero è che la loro storia o critica non parla che con la lingua della filosofia, e le conseguenze che traggono vengono dal raziocinio dai loro princìpi filosofici; il che, a chi ben riflette, si fa subito manifesto.

245. *Quali sono i tre princìpi filosofici dai quali gli storici modernisti deducono le tre leggi della storia?*

I primi tre canoni di questi tali storici o critici sono quegli stessi princìpi, che sopra riportammo dai filosofi: cioè l'*agnosticismo*, il teorema della *trasfigurazione* delle cose per la fede e l'altro che Ci parve poter chiamare dello *sfiguramento*.

246. *Qual è la legge storica che, secondo i modernisti, deriva dal principio filosofico dell'agnosticismo?*

Dall'*agnosticismo* si ha che la storia, non meno che la scienza, si occupa solo dei fenomeni.

247. *Che conclusione deriva immediatamente da questa prima legge storica dedotta dall'agnosticismo?*

Conclusione: Dunque tanto Dio quanto un intervento qualsiasi divino nelle cose umane deve rimandarsi alla fede come di esclusiva sua pertinenza.

248. *Se nella storia si presentano fatti in cui il divino s'incontra con l'umano, quale sarà la condotta del modernista?*

Se trattasi di cosa in cui s'incontri un duplice elemento, divino ed umano, come Cristo, la Chiesa, i Sacramenti e simili; dovrà dividersi e sceverarsi in modo che ciò che è umano si dia alla storia, ciò che è divino alla fede.

249. *Bisognerà, dunque, distinguere due specie di Cristo, due specie di Chiesa ecc.?*

Da qui quella distinzione comune nei modernisti fra un Cristo storico ed un Cristo della fede, una Chiesa della storia ed una Chiesa della fede, fra Sacramenti della storia e Sacramenti della fede, e via dicendo.

250. *Per rapporto a questo elemento nuovo che l'agnosticismo si permette di ritenere unicamente per la storia, che ci dice il secondo principio filosofico, o principio di trasfigurazione, da cui s'ispira lo storico modernista?*

Questo stesso elemento umano che vediamo lo storico prendersi per sé, quale esso si porge nei monumenti, deve ritenersi sollevato dalla fede per trasfigurazione: al di là delle condizioni storiche.

251. *Quale sarà, allora, in virtù del principio di trasfigurazione, la*

seconda legge che reggerà la storia modernista?

Conviene perciò separarne di nuovo tutte le aggiunte fattevi dalla fede, ed abbandonarle alla fede stessa ed alla storia della fede.

252. *Conseguentemente quali cose eliminerà lo storico modernista dalla storia di Gesù Cristo?*

Trattandosi di Gesù Cristo eliminerà tutto quello che passa la condizione dell'uomo sia naturale, quale si dà dalla psicologia, sia risultante dal luogo e dal tempo in che visse.

253. *Qual è la terza legge alla quale si obbliga lo storico modernista in virtù del principio filosofico chiamato sfiguramento?*

Per il terzo principio filosofico, pur quelle cose che non escono dalla cerchia della storia, le vagliano quasi e ne escludono, rimandandolo parimenti alla fede, tutto ciò che, secondo quanto dicono, non entra nella logica dei fatti o non era adatto alle persone.

254. *Da questa terza legge, quale conclusione deducono relativamente alle parole attribuite dagli Evangelisti a Nostro Signore?*

In tal modo, vogliono che Cristo non abbia detto le cose che non sembrano essere alla portata del volgo. Quindi dalla storia *reale* di Lui cancellano e rimettono alla fede tutte le allegorie che si incontrano nei suoi discorsi.

255. *Con quali regole si compie questa cernita?*

Con quella del carattere dell'uomo, della condizione che ebbe nella società, della educazione, delle circostanze di ciascun fatto.

256. *Questa è una norma oggettiva come lo esigerebbe una storia seria?*

È una norma, se bene intendiamo, che si risolve per ultimo in mero *soggettivismo*.

257. *Dimostrate che questa è una norma soggettiva.*

Essi si peritano di prendere, e quasi rivestire, la persona di Gesù Cristo: ed a Lui ascrivono ciò che, in simili circostanze, avrebbero fatto essi stessi.

258. *In nome dei tre princìpi filosofici che sono i cardini della loro storia, in che modo i modernisti trattano il Cristo-Dio?*

Così *a priori*, come suol dirsi, e dai princìpi di una filosofia che essi ammettono, ma asseriscono d'ignorare: nella storia che chiamano *reale* affermano Cristo non essere Dio né aver fatto nulla di divino.

259. *Eliminato ogni carattere divino dal Cristo della storia reale, lasciano almeno intatto il Cristo uomo?*

Dicono che come uomo Lui ha fatto e detto quel tanto, che

essi, riferendosi al tempo in cui Egli visse, gli consentono d'avere operato e detto.

260. *Che vincolo di subordinazione esiste, per i modernisti, tra la filosofia, la storia e la critica?*

Come la storia riceve dalla filosofia le sue conclusioni, così la critica le ha a sua volta dalla storia.

261. *In che modo il critico modernista prenderà i documenti sui quali lavora?*

Il critico, seguendo gli indizi dati dallo storico, di tutti i documenti ne fa due parti. Tutto ciò che rimane, dopo il triplice taglio or ora descritto, lo assegna alla storia reale; il restante lo confina alla storia della fede, ossia alla storia *interna*.

262. *Vi sono dunque due storie, secondo i modernisti: la storia della fede e la storia reale?*

Sì, giacché i modernisti distinguono diligentemente queste due storie.

263. *La storia che chiamano della fede, non sarebbe dunque, per i modernisti, una storia reale?*

È ben da notarsi che alla storia della fede contrappongono la storia *reale* in quanto è reale.

264. *Ma se la storia della fede non è reale, che cosa dunque dicono i modernisti dei due Cristi che distinguevamo più sopra con loro?*

Vi è, «come già si è detto, un doppio Cristo: l'uno reale, l'altro che veramente non mai è esistito, ma appartiene alla fede: l'uno che visse in un determinato luogo e tempo, l'altro che solo s'incontra nelle pie meditazioni della fede.

265. *Questo Cristo della fede, Cristo non reale, secondo i modernisti, dove si trova specialmente descritto?*

Tale, per esempio, è il Cristo descrittoci nell'Evangelo Giovanneo.

266. *Che opinione hanno, dunque, i modernisti del Vangelo di San Giovanni?*

Affermano che questo Vangelo, da un capo all'altro, non è che meditazione.

267. *Il dominio della filosofia sulla storia si limita ad imporre al critico la divisione dei documenti in due parti: documenti che servono per la storia della fede, e documenti che servono per la storia reale?*

Non si arresta qui il dominio della filosofia sulla storia.

268. *Dopo questa divisione di documenti in due parti, in forza dell'agnosticismo, quale altro principio di filosofia modernista viene in campo per dirigere il critico?*

Fatta, come dicemmo, la divisione dei documenti in due parti, si presenta di nuovo il filosofo col suo principio della *immanenza vitale*.

269. *Che importanza ha, per il critico modernista, questo principio dell'immanenza vitale?*

Questo principio prescrive che tutto quanto è nella storia della Chiesa debba spiegarsi per *vitale emanazione*.

270. *In che modo, secondo questo principio, i fatti che non sono che un'emanazione di vita sono subordinati al bisogno immanente da cui emanano?*

Poiché la causa o condizione di qualsiasi emanazione vitale deve ripetersi da un *bisogno*; si avrà che ogni avvenimento si dovrà concepire dopo il bisogno e dovrà storicamente ritenersi posteriore a questo.

271. *Sotto l'egida d'un tal principio che fa allora lo "storico" procedendo alla storia della Chiesa?*

Datosi a studiare di nuovo i documenti, tanto nei Libri Sacri, quanto ricevuti altrove, va tessendo un catalogo dei singoli bisogni, che man mano si presentarono nella Chiesa sia per riguardo al dogma, sia per riguardo al culto od altre materie.

272. *Tessuto questo catalogo, che ne fa?*

Lo trasmette al critico.

273. *Avuto questo catalogo dei bisogni successivi della Chiesa, che lavorìo farà subire - il critico - ai documenti per la storia della fede?*

Il critico mette mano ai documenti destinati alla storia della fede e li distribuisce in guisa di età in età, che rispondano al datogli elenco; rammentando sempre il precetto che il fatto è preceduto dal bisogno e la narrazione dal fatto.

274. *Non succede che qualche volta, nei Libri Sacri, alcune parti, invece di rivelare semplicemente un bisogno, siano esse stesse un fatto creato dal bisogno?*

Potrà ben darsi talvolta che talune parti della sacra Scrittura, come le Epistole, sieno esse stesse il fatto creato dal bisogno.

275. *Ma checché ne sia di codeste eccezioni, qual è, in generale, la legge che serve a determinare la data d'origine dei documenti della storia ecclesiastica?*

Checché sia, deve aversi per regola, essi dicono, che l'età di un documento qualsiasi non può determinarsi se non dall'età in cui ciascun bisogno si è manifestato nella Chiesa.

276. *Dopo questo lavoro che ha classificato i documenti secondo l'età d'origine arbitrariamente determinata, non vi è un'altra operazione della quale dovrà occuparsi il critico?*

Sì: vi è un'altra operazione.

277. *Quale distinzione rende necessaria al critico modernista questa*

nuova operazione?

È da distinguere fra l'inizio d'un fatto e la sua esplicazione: poiché ciò che può nascere in un giorno, non cresce se non col tempo.

278. *In forza di questa distinzione fra l'origine d'un fatto e la sua esplicazione, quale altra divisione farà il critico modernista nei documenti?*

Per questa ragione il critico modernista deve nuovamente spartire in due i documenti già disposti per età, sceverando quelli che riguardano le origini di un fatto da quelli che appartengono al suo svolgimento.

279. *E che farà dei documenti riferentisi allo svolgimento di un fatto?*

Questi eziandio (altresì, *ndR*) ordinerà secondo il succedersi dei tempi.

280. *Chi darà al critico il bandolo per la determinazione di questo ordine?*

Glielo fornirà il filosofo che di nuovo entra in scena[22].

---

22   *Ricordiamo che il Pontefice non parla di persone differenti: «Al fine di procedere con ordine in una materia di troppo astrusa, è da notare anzi tutto che ogni modernista sostiene e quasi compendia in sé molteplici personaggi: quelli cioè di filosofo, di credente, di teologo, di storico, di critico, di apologista, di riformatore: e queste parti sono tutte bene da distinguersi una ad una, da chi voglia conoscere a dovere il lor sistema e penetrare i princìpi e le conseguenze delle loro dottrine», ndR.*

281. *Qual è il principio che, secondo il filosofo modernista, domina e regge la storia?*

I precetti e le leggi dell'evoluzione.

282. *In che modo, dunque, lo storico modernista, con la legge dell'evoluzione, tratterà la storia della Chiesa?*

Lo storico torna a scrutare i documenti, ricerca sottilmente le circostanze e condizioni nelle quali, col succedersi dei tempi, la Chiesa si è trovata, i bisogni così interni che esterni che l'hanno spinta a progredire, gli ostacoli che incontrò.

283. *Per dirla in breve, che cosa ricerca lo storico modernista nei documenti della storia della Chiesa?*

A dir breve, ricerca tutto ciò che giovi a determinare il modo con cui furono mantenute le leggi dell'evoluzione.

284. *Dopo questo esame accurato per scoprire nella storia della Chiesa la legge della sua evoluzione, che cosa fa il critico?*

Compiuto un tal lavoro, egli finalmente tesse nelle sue linee principali la storia dello sviluppo dei fatti.

285. *Tracciato, così, questo abbozzo fantastico della storia della Chiesa, qual è l'ultimo lavoro a cui dà mano il critico modernista?*

Il critico adatta a questo tema storico il restante dei documenti. Si dà mano a stendere la narrazione: la storia è compiuta.

286. *Ma se lo storico ed il critico nel modernista si lasciano così signoreggiare dal filosofo, quale sarà, con buona logica, il vero autore d'una storia così compilata? Sarà lo storico, sarà il critico?*

Certamente né l'uno né l'altro, bensì il filosofo.

287. *Perché il filosofo?*

Perché tutto il lavoro di esso è un lavoro di apriorismo, e di apriorismo riboccante di eresie.

288. *Ora storici siffatti non sono da compatire?*

Fanno certamente pietà questi uomini, dei quali l'Apostolo ripeterebbe: «Svanirono nei loro pensamenti (...) dato che, vantandosi d'esser sapienti, son diventati stolti»[23].

289. *Ma, se da un lato questi storici modernisti fanno pietà, non provocano pure, dall'altro, il nostro giusto sdegno?*

Muovono in pari tempo a sdegno, quando poi accusano la Chiesa di manipolare i documenti in maniera da farli servire ai propri vantaggi.

290. *Da qual sentimento sono mossi ad accusare la Chiesa di tor-turare i testi?*

Addebitano alla Chiesa ciò che dalla propria coscienza sentono apertamente rimproverarsi.

---

23   *Ad Rom.*, I, 21-22.

291. *Se lo storico modernista classifica arbitrariamente i documenti lungo i secoli in base alle esigenze della pretesa legge di evoluzione, che ne segue per conseguenza ai Libri Sacri?*

Dall'avere così disgregati i documenti e seminatili lungo le età, segue naturalmente che i Libri Sacri non possano di fatto attribuirsi agli autori dei quali portano il nome.

292. *Dinanzi a questa conseguenza non cedono gli storici modernisti?*

Questo è il motivo per cui i modernisti non esitano punto nell'affermare che quei libri, e specialmente il *Pentateuco* e i tre primi *Vangeli*, da una breve narrazione primitiva, sono venuti man mano crescendo per aggiunte o interpolazioni, sia a maniera d'interpretazioni o teologiche o allegoriche, sia a modo di transizioni che unissero fra loro le parti.

293. *Con che diritto poi, per spiegare la formazione dei nostri Libri sacri, ricorrono all'ipotesi di aggiunte successive fatte ad una primitiva brevissima compilazione?*

A dir più breve e più chiaro, vogliono che debba ammettersi l'*evoluzione vitale* dei Libri sacri, nata dall'evoluzione della fede e ad essa corrispondente.

294. *Ma dove, dunque, essi trovano tracce di questa pretesa evoluzione vitale?*

Aggiungono che le tracce di cotale evoluzione sono tanto

manifeste, da potersene quasi scrivere una storia.

295. Hanno provato a scrivere questa storia dell'evoluzione vitale, che secondo essi, ha presieduto alle aggiunte successive fatte ai nostri Libri sacri?

La scrivono questa storia, e con tanta sicurezza che si sarebbe tentati a credere che essi hanno visto coi loro occhi i singoli scrittori che di secolo in secolo stesero la mano all'ampliazione delle sante Scritture.

296. Che mezzo li aiuta a conferma della formazione del Testo sacro?

Chiamano, a conferma di ciò, in aiuto, la critica che dicono *testuale*; e si adoperano di persuadere che questo o quel fatto, questo o quel discorso non si trovi al suo posto, e recano altre ragioni del medesimo stampo.

297. Che si direbbe della sicurezza con la quale i nostri modernisti vanno avanti per spiegare la formazione dei nostri Libri sacri?

Si direbbe per verità che si siano prestabiliti certi *quasi tipi* di narrazioni o parlate, che servono da criterio certissimo per giudicare ciò che stia al suo posto e ciò che sia fuor di luogo.

298. Essi spingono l'ingenuità e l'oltracotanza fino al punto di dirci essi stessi quanto sono capaci in questo genere di critica?

Chi li ascolta ad oracolare dei loro studi sulle Scritture,

per i quali hanno potuto scoprirvi sì gran numero d'incongruenze, è spinto a credere che nessun uomo prima di loro abbia sfogliato quei Libri, né che una quasi infinita schiera di Dottori li abbia ricercati per ogni verso, per ingegno, per scienza, per santità di vita assai da più di loro.

299. *Di fronte ai Libri santi che contegno avevano gli antichi dottori infinitamente superiori ai nostri modernisti?*

Questi Dottori sapientissimi, tanto fu lungi che trovassero nulla da riprendere nei Libri santi, che anzi, quanto più profondamente li studiavano, tanto più ringraziavano Iddio, che si fosse così degnato di parlare con gli uomini.

300. *In che modo i modernisti spiegano ironicamente questo rispetto degli antichi Dottori per i Libri santi?*

Purtroppo i Dottori nostri, essi blaterano, non attesero allo studio delle Scritture con quei mezzi di cui sarebbero forniti i modernisti!

301. *E quali sono, in ultima analisi, quei sussidi di studio dei quali erano privi gli antichi Dottori, ma di cui sarebbero forniti i modernisti?*

Non ebbero a maestra e condottiera una filosofia che trae principio dalla negazione di Dio, nè fecero sé a se stessi norma di giudicare.

302. *Qual è, dunque, in succinto, il metodo storico modernista?*

Crediamo che sia ornai posto in luce il metodo storico dei modernisti. Precede il filosofo; segue lo storico; tengono dietro per ordine la critica interna e testuale.

303. *Visto che una tal quale filosofia serve di base a questo metodo storico dei modernisti e ne è come la causa prima, in che modo abbiamo noi il diritto di qualificare la loro critica storica?*

Poiché la prima causa ha questo di proprio, che comunica la sua virtù alle seconde, è evidente che siffatta critica non è una critica qualsiasi, ma una critica *agnostica, immanentista, evoluzionista.*

304. *Si può, dunque, fare uso di tale critica senza detrimento per la fede?*

Perciò chi la professa o ne fa uso, professa gli errori in essa racchiusi, e si pone in contraddizione con la dottrina cattolica.

305. *Stando così le cose che dobbiamo pensare degli encomi che di questa critica fanno certi cattolici?*

Non può finirsi di stupire come una critica di tal genere possa oggidì aver tanta voga presso alcuni cattolici.

306. *Perché certi cattolici si adoperano a dar tanto valore ad una critica contraria alla loro fede?*

Di ciò può assegnarsi una doppia causa: la prima è l'alleanza onde gli storici ed i critici di questa specie sono legati fra loro, senza riguardi a diversità di nazioni o di credenza; la seconda è un'audacia indicibile.

307. I modernisti di tutte le nazioni si sostengono dunque scambievolmente?

Ogni stranezza che uno di loro proferisca, dagli altri è levata al cielo e decantata quale progresso della scienza.

308. Come si comportano contro coloro che li criticano?

Se taluno voglia da se stesso verificare il nuovo ritrovato, serratisi insieme, lo assalgono.

309. Qual è, in riassunto, la loro tattica di fronte a chi si difende od assale questo o quell'altro dei loro ritrovati?

Se taluno lo neghi, lo trattano da ignorante, se lo accolga e lo difenda, lo ricoprono di encomi.

310. Questa tattica dei modernisti non ha per risultato di trarre a loro dei seguaci?

Così non pochi restano ingannati, che forse, se meglio vedessero le cose, ne sarebbero inorriditi.

311. Che cos'è avvenuto e, da una parte, per l'audacia dei modernisti, e, dall'altra, per la leggerezza imprudente di quelli che si lasciano da loro abbindolare?

Da questo prepotente imporsi dei fuorviati, da questo incauto assentimento di animi leggeri, nasce poi un quasi corrompimento di atmosfera, che tutto penetra e diffonde ovunque il contagio. Ma passiamo all'apologeta.

Il modernista apologeta

312 - 355

312. *L'apologista, secondo i modernisti, sottostà anch'egli al filosofo; e a che titolo?*

L'apologista, nei modernisti, dipende doppiamente dal filosofo. Prima indirettamente, pigliando per sua materia la storia scritta, come vedemmo, dietro le norme del filosofo; poi direttamente, accettando dal filosofo i princìpi ed i giudizi.

313. *Che cosa affermano conseguentemente i modernisti su ciò che riguarda l'apologia moderna?*

Quindi, ecco quel comune precetto della scuola del Modernismo, che la nuova apologia debba dirimere le controversie religiose per via di ricerche storiche e psicologiche.

314. *In che modo i moderni apologisti sacrificano ai razionalisti i Libri storici che hanno corso nella Chiesa?*

Gli apologisti danno capo al loro lavoro con l'ammonire i razionalisti, che essi difendono la religione non coi Libri sacri né con le storie volgarmente usate nella Chiesa e scritte alla vecchia maniera; ma, con la storia reale, composta a seconda dei moderni precetti e con metodo moderno.

315. *Ma forse non parlano così che per modo di un'argomentazione ad hominem e non per convinzione personale?*

Ciò dicono non quasi argomentando *ad hominem*; ma perché difatti credono che solo in tale storia si trovi la verità.

316. *I nostri modernisti cattolici hanno bisogno d'insistere sulla sincerità del loro metodo presso i razionalisti?*

Non si curano, nello scrivere, d'insistere nella propria sincerità: essi sono già noti presso i razionalisti, sono già lodati in quanto militanti sotto una stessa bandiera.

317. *Di queste lodi date dai razionalisti, non hanno orrore i modernisti?*

Tutt'altro! Di queste lodi, che ad un cattolico dovrebbero far ribrezzo, essi si compiacciono e se ne fanno scudo contro le riprensioni della Chiesa.

318. *Passando ora a vedere «in pratica come uno di costoro compia la sua apologia», diteci qual è il fine che si propone?*

Il fine che si propone è di condurre l'uomo che ancora non crede a provare in sé esperienza della cattolica religione.

319. *Perché sta loro tanto a cuore il produrre questa esperienza nel non credente?*

Perché quest'esperienza «secondo i modernisti è base della fede».

320. *Come si arriva a questa esperienza personale della religione cattolica?*

Due vie si aprono: l'una *oggettiva*, l'altra *soggettiva*.

321. *Donde procede la prima via, o la via oggettiva?*

La prima muove dall'agnosticismo.

322. *Che cosa tende a dimostrare la prima via?*

Tende a dimostrare come nella religione, e specialmente nella cattolica, vi sia tale virtù vitale, da costringere ogni savio psicologo e storico ad ammettere che nella storia di essa si nasconda alcunché di *incognito*.

323. *Per stabilire questa prova che bisogna dimostrare in primo luogo?*

A tale scopo fa d'uopo provare che la religione cattolica, quale è al presente, è la stessissima che Cristo fondò, ossia il progressivo sviluppo del germe recato da Gesù Cristo.

324. *Ma se Gesù Cristo non ha recato al mondo che il germe della religione cattolica, che lavorìo dovranno fare i modernisti intorno a questo germe?*

Dovrà dapprima determinarsi quale sia questo germe[24].

325. *Con che formula pretendono di determinare che germe sia?*

Pretendono di esprimerlo con la seguente formula: Cristo annunciò la venuta del regno di Dio, il qual regno dovrebbe avere fra breve il suo compimento, ed Egli ne sarebbe il Messia, cioè l'esecutore stabilito da Dio e l'ordinatore.

326. *Determinato così questo germe, che cosa converrà poi dimostrare secondo i nostri apologisti modernisti?*

Dopo ciò converrà dimostrare come questo germe, sempre immanente nella religione cattolica, di mano in mano e di pari passo con la storia, si sia sviluppato e sia venuto adattandosi alle successive circostanze, da queste vitalmente assimilandosi quanto gli si confacesse di forme dottrinali, cultuali, ecclesiastiche; superando nel tempo stesso gli ostacoli, sbaragliando i nemici, e sopravvivendo ad ogni sorta di contraddizioni o di lotte.

327. *A qual conclusione pretendono che s'abbia ad arrivare con la considerazione di quest'insieme di fatti?*

Dopo che tutto questo, cioè gli impedimenti, i nemici, le persecuzioni, i combattimenti, come pure la vitalità e fecondità della Chiesa, si siano mostrati tali che, quantunque nella storia della stessa Chiesa si scorgano serbate le leggi dell'evoluzione, pure queste non bastano a pienamente spie-

---

24   *Qui «germe» s'intende non più nel senso di effetto vitale, ma di causa immanente.*

garla: l'*incognito* starà di fronte e si presenterà da se stesso.

328. *Qual è il vizio radicale di tutti questi ragionamenti?*

Fin qui i modernisti. I quali, però, in tutto questo discorrere non pongono mente ad una cosa: cioè, che quella determinazione del germe primitivo è tutto frutto dell'apriorismo del filosofo agnostico ed evoluzionista, e che il germe stesso è così gratuitamente da loro definito per il buon giuoco della loro causa.

329. *Nei fatti allegati per dimostrare la religione cattolica, gli apologisti modernisti non s'imbattono che in cose degne d'ammirazione?*

Mentre, però, i nuovi apologisti, con gli argomenti arrecati, si studiano di affermare e persuadere la religione cattolica, non hanno riguardo a concedere che in essa vi sono molte cose che non sarebbero buone.

330. *Il dogma almeno sarà per essi irreprensibile?*

Anzi, con una mal velata voluttà, vanno ripetendo pubblicamente che anche in materia dogmatica ritrovano errori e contraddizioni.

331. *Voi dite che pretendono di ritrovare perfino nel dogma errori e contraddizioni e che lo proclamano con gioia! Ma almeno rigetteranno questi presunti errori con sdegno?*

Tutto al contrario: «Aggiungono che tali errori e contraddizioni non solo meritano scusa, ma, ciò ch'è più strano, sono da legittimarsi e giustificarsi».

332. *I modernisti trovano errori anche nei Libri sacri?*

Secondo loro nelle Sacre Scritture occorrono moltissimi sbagli in materia scientifica e storica.

333. *Trovati gli errori che vi sarebbero di scienza e di storia nella Bibbia, in che modo provano a scusare i Libri sacri?*

Li scusano dicendo che non sono quelli libri di scienza o di storia, sì bene di religione e di morale: ove la scienza e la storia sono involucri con cui si coprono le esperienze religiose e morali per meglio propagarsi nel pubblico; il quale pubblico, non intendendo altrimenti, una scienza od una storia più perfetta gli sarebbe stata non di vantaggio ma di nocumento.

334. *Quale altra scusa portano per giustificare gli errori che pretendono ritrovare nei Libri santi?*

Del resto, aggiungono, i Libri sacri, perché di loro natura religiosi, sono essenzialmente viventi: ora la vita ha pur essa la sua verità e la sua logica; diversa certamente dalla verità e logica razionale, anzi di tutt'altro ordine, verità cioè di comparazione e proporzione sia con l'ambiente in cui si vive, sia col fine per cui si vive.

335. *Ma questo non è lo stesso che dire gli errori divenire legittimi e veri dal momento che rispondono alle necessità dell'adattamento* *vitale?*

Finalmente a tanto estremo essi giungono da affermare, senza attenuazione di sorta, che tutto ciò che si spiega con la vita, tutto è vero e legittimo.

336. *Si può ammettere una tale legittimazione dell'errore nei nostri Libri sacri?*

Noi, Venerabili Fratelli, per i quali la verità è una ed unica, e che riteniamo i sacri Libri come quelli che, *scritti sotto l'ispirazione dello Spirito Santo, hanno per autore Iddio*[25], affermiamo ciò essere il medesimo che attribuire a Dio la menzogna di utilità o officiosa; e con le parole di Sant'Agostino protestiamo che: *Ammessa una volta in così altissima autorità qualche bugia officiosa, nessuna particella di quei libri resterà che, sembrando ad alcuno o ardua pel costume o incredibile per la fede, con la stessa perniciosissima regola, non si riferisca a consiglio o vantaggio dell'autore menzognero*[26]. Dal che seguirà quel che lo stesso Santo Dottore aggiunge: *In esse, cioè nelle Scritture, ciascuno crederà quel che vuole, quel che non vuole non crederà.*

337. *I modernisti apologeti si lasciano smuovere da queste condanne della Chiesa?*

No! I modernisti apologeti non si danno pensiero di ciò.

338. *Che nuova enormità mettono innanzi relativamente ai nostri*

25　*Conc. Vat., De Rev., Can. II.*
26　*Epist. 28.*

Libri sacri?

Concedono di più trovarsi talora nei Libri santi dei ragionamenti per sostenere una qualche dottrina, che non si appoggiano ad alcun ragionevole fondamento, come sono quelli che si basano sulle profezie.

339. *Ma possono anche qui provarsi di scusare gli errori?*

Anche questi menano per buoni come artifizi di predicazione legittimati dalla vita.

340. *Fanno altre obiezioni alla Scrittura?*

Concedono, anzi sostengono, che Gesù Cristo stesso errò manifestamente nell'assegnare il tempo della venuta del regno di Dio.

341. *Hanno l'ardire d'affermare che Gesù Cristo s'è sbagliato! Ma non è questo il colmo dell'impudenza?*

No!, dicono essi: ciò non può far meraviglia, perché «Egli ancora era sottoposto alle leggi della vita!».

342. *Ecco, dunque, Nostro Signore Gesù Cristo convinto d'errore. «Che sarà dopo ciò», per insistervi ancora, «dei dogmi della Chiesa»?*

A detta loro, riboccano pur questi di aperte contraddizioni.

343. *In che modo i nostri modernisti pretendono di giustificare nei*

dogmi queste aperte contraddizioni?

Oltreché sono ammesse dalla logica della vita, non si oppongono alla verità simbolica; giacché si tratta in essi dell'infinito, che ha infiniti rispetti.

344. *Ma i modernisti non arrossiscono giustificando così le contraddizioni?*

Ben altro che arrossire! Approvano talmente e difendono siffatte teorie, che non si peritano di dichiarare, non potersi rendere all'Infinito omaggio più nobile, come affermando di Esso cose contraddittorie!

345. *Che dire di un tale eccesso?*

Ammessa così la contraddizione, quale assurdo non si ammetterà?

346. *Abbiamo visto per quale via oggettiva i modernisti sperano di disporre il non credente alla fede: non vi è un'altra via e non recano essi altri argomenti?*

Oltre agli argomenti *oggettivi,* il non credente può essere disposto alla fede anche con argomenti *soggettivi.*

347. *Su quale dottrina filosofica i modernisti basano questi argomenti soggettivi?*

In questo caso gli apologisti modernisti si rifanno sulla dottrina dell'*immanenza*. Si adoperano cioè di convincer l'uomo che in lui stesso e negli intimi recessi della sua natura e della sua vita si cela il desiderio e il bisogno di una religione.

348. *Questo desiderio ed esigenza, che essi credono trovare in noi, è per una qualunque religione?*

Non è di una religione qualsiasi, ma tale qual è appunto la cattolica.

349. *In che modo con la dottrina dell'immanenza pretendono di scoprire in noi l'esigenza e il desiderio d'una religione soprannaturale come è la religione cattolica?*

Questa, dicono, è *postulata* onninamente[27] dal perfetto sviluppo della vita.

350. *Che dobbiamo qui deplorare col Santo Padre[28]?*

Qui di bel nuovo siamo costretti a lamentarci gravemente che non mancano cattolici, i quali, benché rigettano la dottrina dell'immanenza come dottrina, pure se ne giovano per l'apologetica.

351. *Questi apologeti non mitigano il metodo dell'immanenza e, oltre ad una certa convenienza con l'ordine soprannaturale, che altro cercano nell'uomo?*

---

27   *Interamente, assolutamente, ndR.*
28   *L'Autore si riferisce al Papa San Pio X, ndR.*

Fanno uso del metodo d'immanenza e ciò fanno con sì poca cautela, da sembrare ammettere nella natura umana non pure una capacità od una convenienza per l'ordine soprannaturale, ciò che gli apologisti cattolici, con le debite restrizioni, dimostrarono sempre, ma una stretta e vera esigenza.

352. *Questi apologeti sono modernisti in tutta la forza della parola?*

A dir più giusto, questa esigenza della religione cattolica è sostenuta dai modernisti più moderati.

353. *Dei più moderati! E che possono dire di più gli altri?*

Quelli fra costoro, che potremmo chiamare *integralisti*, pretendono che si debba indicare all'uomo, che ancora non crede, latente in lui lo stesso germe che fu nella coscienza di Cristo e da Cristo trasmesso agli uomini.

354. *Se tale è descritto per sommi capi il metodo apologetico dei modernisti, che se ne deve pensare?*

Che è in tutto conforme alle loro dottrine (di Modernismo).

355. *E queste dottrine a che cosa sono buone?*

Metodo e dottrine infarciti di errori, atti non a edificare, ma a distruggere, non a fare dei cattolici, ma a trascinare i cattolici nell'eresia, anzi alla distruzione totale di ogni religione!

Il modernista riformatore

356 - 375

356. *Che rimane ancora da dire per caratterizzare completamente il modernista?*

Restano per ultimo a dire poche cose del modernista preteso riformatore.

357. *Non si può già indovinare nel modernista una grande smania di riforme?*

Già le cose esposte fino ad ora ci provano abbondantemente da quale smania d'innovazione siano rosi tali uomini.

358. *Questa smania di riforme abbraccia molti oggetti?*

Tale smania ha per oggetto quanto vi è nel cattolicesimo.

359. *Qual è la prima riforma che richiedono i modernisti?*

Vogliono riformata la filosofia specialmente nei Seminari.

360. *Che specie di riforma vogliono per la filosofia, specialmente nei Seminari?*

Reclamano che, relegata la filosofia scolastica alla storia della filosofia in combutta con gli altri sistemi passati di uso, si insegni ai giovani la filosofia moderna.

361. *E perché vogliono che nei Seminari s'insegni ai giovani la filosofia moderna?*

Perché essi la considerano come l'unica vera e rispondente ai nostri tempi.

362. *Dopo questa riforma della filosofia a quale altra tendono ancora?*

A riformar la teologia.

363. *E per la teologia che specie di riforma vogliono?*

Vogliono che quella, che diciamo teologia razionale, abbia per fondamento la moderna filosofia.

364. *E per la storia che riforma pretendono?*

Anche la storia chiedono che si scriva e s'insegni con metodi loro e precetti nuovi.

365. *Quale riforma vogliono per i dogmi?*

Dicono che i dogmi e la loro evoluzione debbano accordarsi con la scienza e la storia.

366. *Quale riforma per il Catechismo?*

Per il *Catechismo* esigono che nei libri catechetici s'inseriscano solo quei dogmi, che siano stati riformati e che siano a portata dell'intelligenza del volgo.

367. *Circa il culto che riforma desiderano?*

Circa il culto gridano che si debbano diminuire le devozioni esterne e proibire che si aumentino.

368. *Alcuni modernisti non sono tuttavia indulgenti per le cerimonie del culto?*

A dire il vero, altri, più favorevoli al simbolismo, si mostrano in questa parte più indulgenti.

369. *Che riforme più gravi pretendono si debbano fare nel governo della Chiesa?*

Strepitano a gran voce perché il regime ecclesiastico debba esser rinnovato per ogni verso, ma specialmente per il disciplinare ed il dogmatico. Perciò pretendono che dentro e fuori si debba accordare con la coscienza moderna, che tutta è volta a democrazia; perciò dicono doversi dare nel governo la sua parte al clero inferiore e perfino al laicato e *discentrare*, Ci si passi la parola, l'autorità troppo riunita e ristretta nel centro.

370. *Che riforma reclamano ancora?*

Le Congregazioni romane si debbono svecchiare, e, in capo

a tutte, quella del Santo Uffizio e dell'Indice.

371. Che riforma domandano quanto all'esercizio del potere ecclesiastico nel campo sociale e politico?

Deve cambiarsi l'atteggiamento dell'autorità ecclesiastica nelle questioni politiche e sociali, talché si tenga essa estranea dai civili ordinamenti, ma pur vi si acconci per penetrarli del suo spirito.

372. E in fatto di morale cosa vogliono riformare?

In fatto di morale, danno voga al principio degli *Americanisti*, che le virtù attive debbano anteporsi alle passive, e di quelle promuovere l'esercizio con prevalenza su queste.

373. Che cosa chiedono al Clero?

Chiedono che il Clero ritorni all'antica umiltà e povertà; ma lo vogliono di mente e di opere consenziente coi precetti del Modernismo.

374. Se richiedono dal Clero tante virtù, esalteranno senza dubbio il celibato ecclesiastico?

Non mancano coloro che, obbedendo volentierissimo ai cenni dei loro maestri protestanti, desiderano soppresso nel Sacerdozio lo stesso sacro celibato.

375. Alla vista di tutte queste riforme reclamate dai modernisti, qual è la domanda che sorge spontanea?

Che si lascia dunque d'intatto nella Chiesa, che non si debba, da costoro e secondo i loro princìpi, riformare[29]?

---

29 *Si legge «riformare», significa: distruggere, ndR.*

Complesso di tutte le eresie. Strada all'ateismo

376 - 405

376. *Perché si è fatta una sì lunga esposizione delle dottrine moderniste?*

In tutta questa esposizione della dottrina dei modernisti vi saremo sembrati, o Venerabili Fratelli, prolissi forse oltre il dovere. Ma ciò è stato necessario.

377. *Perché un'esposizione così lunga era necessaria?*

Per non sentirci accusare, come suole, di ignorare le loro cose.

378. *E per quale altro motivo ancora?*

Perché si veda che, quando si parla di Modernismo, non si parla di vaghe dottrine non unite da alcun nesso, ma di un unico corpo e ben compatto, ove chi una cosa ammetta, uopo è che accetti tutto il rimanente.

379. *Questo doppio motivo non chiarisce la forma quasi didattica dell'esposizione fatta da noi del Modernismo?*

Perciò abbiamo voluto altresì far uso di una forma quasi

didattica, né abbiam ricusato il barbaro linguaggio, onde i modernisti fanno uso.

380. *Come, in una parola, si potrebbe definire il sistema dei modernisti?*

Ora, se quasi d'un solo sguardo abbracciamo l'intero sistema, nessuno si stupirà ove Noi lo definiamo, affermando essere esso la sintesi di tutte le eresie.

381. *Perché definite il Modernismo la sintesi di tutte le eresie?*

Certo se taluno si fosse proposto di concentrare quasi il succo ed il sangue di quanti errori circa la fede furon sino ad ora asseriti; non avrebbe mai potuto riuscire a fare meglio di quello che hanno fatto i modernisti.

382. *Asserire che i modernisti, col loro cumulo di errori, distruggono la religione cattolica, sarebbe dire abbastanza?*

Questi anzi tanto più oltre si spinsero, che, come già osservammo, non pure il cattolicesimo ma ogni qualsiasi religione hanno distrutto.

383. *I razionalisti debbono dunque rallegrarsi coi modernisti?*

Perciò coloro che, fra i razionalisti parlano più franco ed aperto, si rallegrano di non avere alleati più efficaci dei modernisti.

384. *Ci dimostrate in che modo i modernisti siano gli alleati più efficaci*

dei razionalisti?

E per fermo, rifacciamoci alquanto, Venerabili Fratelli, a quella esizialissima[30] dottrina dell'*agnosticismo.*

385. *Chiuso ogni varco verso Dio per mezzo dell'agnosticismo, in che modo i modernisti pretendono d'andare a Dio?*

Con essa, dalla parte dell'intelletto, è chiusa all'uomo ogni via per arrivare a Dio, mentre si pretende di aprirla più acconcia per parte di un certo sentimento e dell'azione.

386. *Potrebbe questo tentativo avere una qualche probabilità di riuscita?*

Ma chi non scorge quanto vanamente ciò si affermi. Il sentimento risponde sempre all'azione di un oggetto, che sia proposto dall'intelletto o dal senso.

387. *Poiché per arrivare a Dio, il sentimento viene guidato o dall'intelligenza o dal senso, che succede fatalmente se i modernisti tolgono di mezzo l'intelletto?*

Togliete di mezzo l'intelletto: l'uomo, già portato a seguire il senso, lo seguirà con più impeto.

388. *Ma, di più, questo tentativo d'arrivare a Dio per mezzo del sentimento religioso non è vano per un altro riguardo?*

---

30   *Che provoca un danno irreparabile, rovinoso, ndR.*

Di più, le fantasie, quali che esse siano, di un sentimento religioso, non possono vincere il senso comune; ora questo insegna che ogni perturbazione o occupazione dell'animo non è di aiuto ma d'impedimento alla ricerca del vero.

389. *Di quale vero intendete parlare quando dite che le perturbazioni dell'animo ne impediscono la ricerca?*

Del vero diciamo qual è in sé.

390. *Un simulacro di verità che risalti dalle perturbazioni dell'animo. Che pensarne?*

Quell'altro vero *soggettivo*, frutto del sentimento interno e dell'azione, se è acconcio per giocare di parole, poco interessa l'uomo, a cui sopratutto importa conoscere se vi sia, o no, fuori di lui un Dio, nelle cui mani una volta dovrà cadere.

391. *Preso come punto di partenza l'agnosticismo, il sentimento religioso non ha fondamento; per dargliene uno a che ricorrono i modernisti?*

I modernisti ricorrono, per aiuto, all'esperienza.

392. *Ma che può aggiungere questa al sentimento?*

Nulla: solo potrà renderlo più intenso; dalla quale intensità sia proporzionalmente resa più ferma la persuasione della verità dell'*oggetto*. Ma queste due cose non faranno sì che il sentimento lasci di esser sentimento, né ne cambiano la natura sempre soggetta ad inganno, se l'intelletto non lo regga; anzi la confermano e la rinforzano, giacché il sentimento quanto è più intenso, tanto a miglior diritto è sentimento.

393. *Trattandosi di sentimento e d'esperienza religiosa, non bisogna far uso di molta prudenza e scienza?*

Trattandosi poi qui di sentimento religioso e di esperienza in esso contenuta, sapete bene, o Venerabili Fratelli, di quanta prudenza sia mestieri in siffatta materia e di quanta scienza che regoli la stessa prudenza. Lo sapete dalla pratica delle anime, di talune specialmente in cui domina il sentimento: lo sapete dalla consuetudine dei trattati di ascetica.

394. *Ma questi libri ascetici sono buone guide in queste materie?*

Benché disprezzati da costoro, contengono più sodezza di dottrina e più sagacia di osservazione che non ne vantano i modernisti.

395. *Ma voi fate poca stima delle esperienze religiose moderniste?*

A Noi per fermo sembra cosa da stolto o almeno di persona al sommo imprudente, ritenere per vere, senza esame di sorta, queste intime esperienze quali dai modernisti si spacciano.

396. *In che modo si potrebbe arguire ad hominem contro i modernisti e ritorcere contro di loro la prova che pretendono cavare dalla esperienza religiosa?*

Argomentando così: «Se queste esperienze hanno sì grande forza e certezza, perché allora non l'avrà uguale quella esperienza che molte migliaia di cattolici affermano di avere, che i modernisti cioè, battono un terreno sbagliato? Solo questa esperienza sarebbe falsa ed ingannevole?».

397. *Riprendendo il filo del ragionamento, che pensa la massima parte degli uomini di questo sentimento e di questa esperienza?*

La massima parte degli uomini ritiene fermamente e sempre riterrà che col solo sentimento e con la sola esperienza, senza guida e lume dell'intelletto, non si potrà mai giungere alla conoscenza di Dio.

398. *Che resta, dunque, al Modernismo?*

Dunque resta di nuovo o l'ateismo o l'irreligione assoluta.

399. *Se la dottrina dei modernisti sull'esperienza religiosa conduce all'ateismo, essi non troveranno nella loro dottrina del simbolismo un mezzo onde evitare questo pericolo?*

Né i modernisti hanno nulla a sperare di meglio dalla loro dottrina del *simbolismo*. Dato che, se tutti gli elementi, che dicono intellettuali, non sono che puri simboli di Dio; perché non sarà un simbolo il nome stesso di Dio o di personalità divina? E se è così, si potrà bene dubitare della stessa divina personalità, ed avremo aperto la via al panteismo.

400. *La dottrina modernista sul simbolismo è la sola che conduca*

al panteismo?

Qua similmente, cioè al puro panteismo, porta anche l'altra dottrina dell'*immanenza divina.*

401. *Ci potete dimostrare questa conseguenza con una prova irrefragabile?*

Giacché domandiamo: siffatta *immanenza* distingue o no Iddio dall'uomo? Se lo distingue, in che differisce dunque cotale dottrina dalla cattolica? O perché mai rigetta quella della esterna Rivelazione? Se poi non si distingue, eccoci di nuovo col panteismo. Ma di fatto l'*immanenza* dei modernisti vuole ed ammette che ogni fenomeno di coscienza nasca dall'uomo in quanto uomo. Dunque, per legittima conseguenza, inferiamo[31] che Dio e l'uomo sono la stessa cosa; e perciò il panteismo.

402. *Questa conclusione panteistica s'inferisce da qualche altra dottrina modernista?*

Finalmente pari è la conseguenza che si trae dalla loro decantata distinzione fra la scienza e la fede.

403. *Potreste provarcelo con un argomento stringente?*

L'oggetto della scienza essi lo pongono nella realtà del conoscibile; quello della fede nella realtà dell'inconoscibile. Orbene l'inconoscibile è tale per la totale mancanza di pro-

---

31 *Arguire, desumere, derivare, ndR.*

porzione fra l'oggetto e la mente. Ma questa mancanza di proporzione, secondo gli stessi modernisti, non potrà mai essere tolta. Dunque l'inconoscibile resterà sempre inconoscibile tanto per il credente quanto per il filosofo. Dunque se si avrà una religione, questa sarà della realtà dell'inconoscibile; la quale realtà perché poi non possa essere l'anima universale del mondo, come l'ammettono taluni razionalisti, Noi non lo vediamo.

404. *Che conclusione abbiamo diritto di dedurre in ultimo?*

Ma basti sin qui per conoscere per quante vie la dottrina del Modernismo conduca all'ateismo ed alla distruzione di ogni religione.

405. *Quali sono i passi di questa caduta dello spirito umano nella negazione di ogni religione?*

L'errore dei protestanti diede il primo passo in questo sentiero; il secondo è del Modernismo; a breve distanza dovrà seguire l'ateismo.

Cause del Modernismo. Curiosità e superbia

406 - 417

406. *Cosa ci sarà utile per conoscere più intimamente il Modernismo e per trovare più acconci rimedi a sì grave malore?*

Gioverà ora ricercare alquanto le cause, onde esso è nato ed
è venuto crescendo.

407. *Qual è la prima ed immediata causa del Modernismo?*

Non c'è dubbio che la prima causa ed immediata sta del
Modernismo nell'aberramento[32] dell'intelletto.

408. *Questo aberramento dell'intelletto, ch'è causa immediata del
Modernismo, da cosa trae a sua volta origine, e quali sono conseguentemente le cause remote del Modernismo?*

Quali cause remote, due Noi ne riconosciamo: la curiosità e
la superbia.

409. *La curiosità è veramente una causa d'errore?*

La curiosità, se non sia saggiamente frenata, basta di per sé sola

____

32   *Sconcertante e disordinata deviazione: alterazione, traviamento, ndR.*

a spiegare ogni fatta di errori. Perciò il Nostro predecessore Gregorio XVI a buon diritto scriveva: «È grandemente da piangere nel vedere fin dove si profondino i deliramenti dell'umana ragione, quando taluno corra dietro alle novità, e contro l'avviso dell'Apostolo si adoperi di sapere più che saper non convenga, e confidando troppo in se stesso; pensi dover cercare la verità fuori della Chiesa cattolica, in cui senza imbratto di pur levissimo errore essa si trova»[33].

410. *Quale male, più che la curiosità, acceca l'animo e lo trascina nell'errore?*

Ad accecare l'animo e trascinarlo nell'errore assai più forza ha in sé la superbia.

411. *La superbia ha veramente penetrato la dottrina modernista?*

La superbia trovandosi nella dottrina del Modernismo quasi in un suo domicilio, da essa trae alimento per ogni verso e riveste tutte le forme.

412. *Ci descrivete queste diverse forme della superbia modernista?*

Per la superbia infatti costoro presumono audacemente di se stessi e si ritengono e si spacciano come norma di tutti. Per la superbia si gloriano vanissimamente quasi essi soli possiedano la sapienza, e dicono gonfi e pettoruti: *Noi non siamo come il rimanente degli uomini;* e per non essere di fatto posti al pari degli altri, abbracciano e sognano ogni sorta di

---

33 *Greg. XVI, Enc., 1834, Singulari nos.*

novità: le più assurde. Per la superbia ricusano ogni soggezione, e pretendono che l'autorità debba comporsi con la libertà. Per la superbia, dimentichi di se stessi, pensano solo a riformare gli altri, né rispettano in ciò qualsivoglia grado fino alla potestà suprema.

413. *Per giungere al Modernismo non vi è dunque sentiero più breve e spedito della superbia?*

No, per giungere al Modernismo, non vi è sentiero più breve e spedito della superbia.

414. *Un cattolico superbo, laico o sacerdote, diverrebbe dunque fatalmente modernista?*

Se un laico cattolico, se un sacerdote dimentichi il precetto della vita cristiana che c'impone di rinnegare noi stessi se vogliamo seguire Gesù Cristo, né sradichi dal suo cuore la mala pianta della superbia: sì, costui è dispostissimo quanto mai a professare gli errori del Modernismo!

415. *Quale dovrà, dunque, essere il primo dovere dei vescovi riguardo a questi sacerdoti superbi?*

Perciò, o Venerabili Fratelli, sia questo il primo vostro dovere di resistere a questi uomini superbi, occuparli negli uffici più umili ed oscuri, affinché siano tanto più depressi quanto più essi s'inalberano, e, posti in basso, abbiano minor campo di nuocere.

416. *Ai direttori dei Seminari non incombe l'obbligo d'allontanare dal Sacerdozio i seminaristi orgogliosi?*

Inoltre, sia da voi stessi sia per mezzo dei reggitori dei Seminari, cercate con somma diligenza di conoscere i giovani che aspirano ad entrare nel clero; e se alcuno ne troviate di carattere superbo, con ogni risolutezza respingetelo dal Sacerdozio.

417. *Fino ad ora si è sempre adempiuto bene questo dovere d'allontanare dal Seminario i superbi?*

Si fosse così operato sempre, colla vigilanza e fortezza che faceva di mestieri!

Cause del Modernismo. L'ignoranza

418 - 420

418. *Dopo queste due cause morali, la curiosità e la superbia, qual è la principale causa intellettuale del Modernismo?*

Se dalle cause morali veniamo a quelle che spettano all'intelletto, la prima da notarsi è l'ignoranza.

419. *Ignoranti? I modernisti che si credono così sapienti! Sarebbe proprio vero questo?*

I modernisti, quanti essi sono, che vogliono apparire e farla da dottori nella Chiesa, esaltando a grandi voci la filosofia moderna e schernendo la scolastica, se hanno abbracciato la prima ingannati dai suoi orpelli, lo devono alla totale ignoranza in cui si trovano della seconda, e dal mancare perciò le nozioni per riconoscere la confusione delle idee e ribattere i sofismi.

420. *Questa falsa filosofia moderna, dalla quale si sono lasciati ingannare i modernisti per ignoranza della scolastica, ha dunque dato origine al Modernismo?*

Sì, dal connubio poi della falsa filosofia con la fede è sorto il loro sistema, riboccante di tanti e così enormi errori.

Trucchi dei modernisti nel propagare i loro errori

421 - 460

421. *I modernisti portano zelo nel propagare il loro sistema?*

Portassero almeno un minor zelo ed ardore di quel che fanno alla propagazione del loro sistema! Tanta invece è la loro alacrità, così indefesso il lavoro, che dà strazio il veder consumate tante forze a danno della Chiesa, le quali, rettamente usate, le sarebbero di vantaggio grandissimo.

422. *I modernisti impiegano astuzie nell'attiva propaganda che fanno per diffondere il loro sistema?*

A trarre poi in inganno gli animi, una doppia tattica essi usano.

423. *Qual è questa doppia tattica?*

Prima si sbarazzano degli ostacoli, poi cercano con somma cura i mezzi che loro giovino, ed instancabili e pazientissimi li mettono in opera.

424. *Vi sono cose che i modernisti considerano come ostacoli da allontanare?*

Degli ostacoli tre sono i principali che più sentono opposti ai loro conati.

425. *Quali sono questi ostacoli che i modernisti si studiano d'allontanare?*

Il metodo scolastico di ragionare, l'autorità dei Padri con la Tradizione, il Magistero ecclesiastico.

426. *Fanno veramente guerra a queste tre cose?*

Contro tutto questo la loro lotta è accanita[34]. Deridono perciò continuamente e disprezzano la filosofia e la teologia scolastica.

427. *Per quali cause i modernisti fanno la guerra alla filosofia scolastica?*

Sia che ciò facciano per ignoranza, sia che lo facciano per timore, o meglio per l'una cosa insieme e per l'altra.

428. *Il disgusto e l'odio del metodo scolastico non vanno forse di pari passo col Modernismo?*

Certo è che la smania di novità va sempre in essi congiunta con l'odio della scolastica; né vi è indizio più manifesto che taluno cominci a volgere al Modernismo, che quando incominci ad aborrire la scolastica.

---

34   *Apertamente o dietro sofismi ed astuzie, ndR.*

429. *A proposito del loro odio per la filosofia scolastica, che avvertimento possiamo noi rammentare ai modernisti?*

Ricordino i modernisti e quanti li favoriscono la condanna[35] che Pio IX inflisse alla proposizione che diceva: «Il metodo e i princìpi con cui gli antichi dottori scolastici trattarono la teologia, più non si confanno ai bisogni dei nostri tempi ed ai progressi della scienza».

430. *Stando così in lotta con la filosofia scolastica, che fanno i modernisti contro il secondo ostacolo, che noi dicemmo essere la Tradizione?*

Sono poi astutissimi nello stravolgere la natura e l'efficacia della Tradizione, col fine di privarla di ogni peso e di ogni autorità.

431. *Che legge, secondo il Concilio di Nicea, debbono rammentarsi sempre i veri cattolici sulla Tradizione?*

Starà sempre per i cattolici l'autorità del secondo Sinodo Niceno, il quale condannò coloro che «osano (...) secondo gli scellerati eretici disprezzare le ecclesiastiche tradizioni ed escogitare qualsiasi novità (...) o architettare con malizia ed astuzia di abbattere che che sia delle legittime tradizioni della Chiesa cattolica».

432. *A proposito della Tradizione qual è la legge emessa dal quarto Concilio di Costantinopoli?*

Starà sempre la professione del quarto Sinodo Costantinopo-

---

35   *Syllabus, Prop. 13; Epist. ad Archiep. Frising. Tuas libenter, 21 dicembre 1863.*

litano: «Noi dunque professiamo di serbare e custodire le regole, che tanto dai santi famosissimi Apostoli, quanto dagli universali e locali Concili degli ortodossi o anche da qualunque deiloquo Padre e Maestro della Chiesa furono date alla santa cattolica ed apostolica Chiesa».

433. *Il rispetto per la Tradizione non è pure inscritto nella professione di fede?*

Per cui i Romani Pontefici Pio IV e Pio IX nella professione di fede vollero aggiunto anche questo: «Io ammetto fermissimamente ed abbraccio le apostoliche ed ecclesiastiche tradizioni, e tutte le altre osservanze e costituzioni della medesima Chiesa».

434. *Nutrendo tanto poco rispetto per la Tradizione, in che modo i modernisti trattano i Santi Padri della Chiesa?*

Non diversamente da come giudicano la Tradizione, alla stessa maniera i modernisti giudicano i santissimi Padri della Chiesa.

435. *Con quale temerità parlano dei santi Padri?*

Con estrema temerità li spacciano come degnissimi di ogni venerazione, ma ignorantissimi di critica e di storia, scusabili solo per i tempi in che vissero.

436. *Mossa guerra alla filosofia scolastica ed alla Tradizione, qual è il terzo ostacolo che i modernisti si studiano d'allontanare?*

Si studiano infine e si sforzano d'attenuare e svilire l'autorità dello stesso Magistero ecclesiastico.

437. *In che modo vanno contro il Magistero?*

Sia pervertendone sacrilegamente l'origine, la natura, i diritti, sia ricantando liberamente contro esso le calunnie dei nemici.

438. *A proposito di questa guerra dei modernisti, non possiamo applicare loro precedenti condanne?*

Del gregge dei modernisti sembra detto ciò che con tanto dolore scriveva il Predecessore Nostro: «Per rendere spregiata ed odiosa la mistica Sposa di Cristo, che è luce vera, i figli delle tenebre furono soliti di opprimerla pubblicamente di una pazza calunnia, e stravolto il significato e la forza delle cose e delle parole, chiamarla amica di oscurità, mantenitrice d'ignoranza, nemica della luce e del progresso delle scienze»[36].

439. *Se tale odio nutrono i modernisti contro la Chiesa, che atteggiamento prendono verso i cattolici che la difendono?*

Dopo ciò, Venerabili Fratelli, quale meraviglia se i cattolici, strenui difensori della Chiesa, sono fatti segno dai modernisti di somma malevolenza e di livore?

440. *La malevolenza dei modernisti contro i cattolici fedeli alla Chiesa va fino all'ingiuria?*

---

36   Leone XIII, *Motu propr. Ut mysticam*, 14 Marzo 1891.

Non vi è specie d'ingiuria con cui non li lacerino.

441. *Qual è l'accusa più usuale che muovono contro i cattolici fedeli?*

L'accusa più usuale è quella di chiamarli ignoranti ed ostinati.

442. *Che stratagemma usano i modernisti contro un cattolico difensore della Chiesa, che sia dotto?*

Se la dottrina e l'efficacia di chi li confuta dà loro timore, ne incidono i nervi con la congiura del silenzio.

443. *Questa condotta non è aggravata da quella che tengono verso i loro?*

Questa maniera di fare a riguardo dei cattolici è tanto più odiosa perché, nel medesimo tempo e senza modo né misura, con continue lodi esaltano chi sta dalla loro.

444. *Qual è il loro modo di fare a riguardo delle opere piene di novità?*

I libri di costoro riboccanti di novità accolgono ed ammirano con grandi applausi.

445. *Da che s'accorgono che un autore è più o meno dotto?*

Quanto più alcuno si mostra audace nel distruggere l'antico, nel rigettare la Tradizione e il Magistero ecclesiastico, tanto più gli danno vanto di sapiente.

446. *E se un modernista è condannato dalla Chiesa, i suoi simili avranno l'audacia di difenderlo?*

Per ultimo, ciò che fa inorridire ogni anima retta, se qualcuno sia condannato dalla Chiesa, non solo pubblicamente e profusamente lo encomiano, ma quasi lo venerano come martire della verità.

447. *In che modo i giovani si lasciano turbare da tutto questo strepito dei modernisti?*

Da tutto questo strepito di lodi e d'improperi, colpiti e turbati gli animi giovanili, da una parte per non passare per ignoranti, dall'altra per parere sapienti, spinti internamente dalla curiosità e dalla superbia, si danno per vinti e passano al Modernismo.

448. *Ma questo modo di guadagnare i giovani al Modernismo a forza di strepito e di audacia, non appartiene agli artifizi annunziati sopra?*

Ma qui siamo agli artifizi con cui i modernisti spacciano la loro merce.

449. *I modernisti impiegano zelo per acquistare adepti?*

Tentano ogni cosa per moltiplicare adepti!

450. *Quali sono i loro principali mezzi per acquistare adepti?*

Nei Seminari e nelle Università cercano di ottenere cattedre da mutare insensibilmente in cattedre di pestilenza. Inculcano le loro dottrine, benché forse velatamente, predicando nelle chiese; le annunciano più apertamente nei congressi; le intrudono e le magnificano nei sociali istituti. Col nome proprio o di altri pubblicano libri, giornali, periodici. Uno stesso e solo scrittore fa uso talora di molti nomi, perché gli incauti siano tratti in inganno dalla simulata moltitudine degli autori. Insomma con l'azione, con la parola, con la stampa tutto tentano, da sembrare quasi colti da frenesia.

451. *E tutto ciò con qual esito?*

Piangiamo purtroppo un gran numero di giovani di speranze egregie e che ottimi servigi renderebbero alla Chiesa, usciti fuori dal retto cammino.

452. *Quale altro spettacolo deve muoverci a pietà per parte di alcuni cattolici, che non sono ancora interamente modernisti?*

Piangiamo moltissimi, che sebbene non giunti tanto oltre, pure, respirata un'aria corrotta, sogliono pensare, parlare, scrivere più liberamente che non si convenga a cattolici.

453. *Questi cattolici che si lasciano intaccare dal Modernismo sono solo fra i laici?*

Si contano costoro fra i laici e si contano fra i sacerdoti.

454. *Ma è possibile che ve ne siano pure negli Ordini religiosi?*

E chi lo crederebbe? Si contano altresì nelle stesse famiglie dei Religiosi.

455. *Questi cattolici, laici, preti, religiosi, più o meno infetti di Modernismo come trattano di Scrittura?*

Trattano di Scrittura secondo le leggi dei modernisti.

456. *Come trattano la storia?*

Scrivono storia, e sotto specie di dire tutta la verità, tutto ciò che sembri gettare ombra sulla Chiesa lo pongono diligentissimamente in luce con voluttà mal repressa.

457. *In che modo si comportano verso le pie tradizioni popolari e le reliquie venerabili?*

Le pie tradizioni popolari, seguendo un certo apriorismo, cercano a tutta possa di cancellare. Ostentano disprezzo per le sacre Reliquie raccomandate dalla loro vetustà.

458. *Insomma che cosa li spinge a muovere guerra alle tradizioni antiche?*

Insomma li punge la vana bramosia che il mondo parli di loro; il che si persuadono che non avverrà, se dicono soltanto quello che sempre e da tutti fu detto.

459. *Ma questi cattolici, più o meno modernisti, non nutrono buone intenzioni muovendo così guerra alle tradizioni del passato?*

Intanto si danno forse a credere di prestare ossequio a Dio ed alla Chiesa.

460. *Ma in realtà che succede?*

In realtà gravissimamente le offendono, non tanto per quel che fanno, quanto per l'intenzione con cui operano e per l'aiuto che prestano utilissimo agli ardimenti dei modernisti.

Rimedi contro il Modernismo

461 - 509

461. *Che ha fatto Leone XIII contro gli errori dei modernisti?*

A questo torrente di gravissimi errori, che di celato ed alla scoperta va guadagnando strada, si adoperò con detti e con fatti di opporsi fortemente Leone XIII predecessore Nostro di felice ricordanza, specialmente a riguardo delle sante Scritture.

462. *Con queste parole e questi atti furono messi in rotta i modernisti?*

Ma i modernisti, lo vedemmo, non si lasciano spaventare facilmente: simulando il maggiore rispetto ed una somma umiltà, stravolsero a loro senso le parole del Pontefice, e gli atti di lui li fecero passare come diretti ad altri. Così il male è venuto pigliando forza ogni giorno più.

463. *Che decisione ha dovuto prendere Pio X?*

R. Egli ci dice: «Abbiamo dunque deciso, o Venerabili Fratelli, di non tergiversare più oltre e porre mano a misure più energiche».

464. Con quali parole fa appello ai Vescovi, ai pastori d'anime, agli educatori ed ai Superiori maggiori d'Istituti religiosi?

Preghiamo però e scongiuriamo voi che, in negozio di tanto rilievo, non Ci lasciate menomamente desiderare la vostra vigilanza e diligenza e fortezza. E quel che chiediamo ed aspettiamo da voi, lo chiediamo altresì e lo aspettiamo dagli altri pastori delle anime, dagli educatori e maestri del giovane clero, e specialmente dai Superiori generali degli Ordini religiosi.

465. Qual è il volere del Santo Padre rispetto alla filosofia?

Egli dice: «La prima cosa, dunque, per ciò che spetta agli studi, vogliamo e decisamente ordiniamo che a fondamento degli studi sacri si ponga la filosofia scolastica».

466. Che ci dice Papa Pio X seguendo Leone XIII come riserva alla sua ingiunzione?

«Bene inteso che, se dai dottori scolastici furono agitate questioni troppo sottili o fu alcun che trattato con poca considerazione, se fu detta cosa che mal si affaccia con dottrine accertate dai secoli seguenti, ovvero in qualsivoglia modo non ammissibile: non è nostra intenzione che tutto ciò debba servir d'esempio da imitare anche ai giorni nostri».[37]

467. Qual è la filosofia scolastica prescritta nei Seminari ed Istituti religiosi?

---

37   *Leone XIII, Enc. Aeterni Patris.*

Ciò che monta anzi tutto è che la filosofia scolastica, che noi ordiniamo di seguire, si debba precipuamente intendere quella di San Tommaso di Aquino intorno alla quale tutto ciò che il Nostro Predecessore stabilì, intendiamo che rimanga in pieno vigore e, se è necessario, lo rinnoviamo e confermiamo e severamente ordiniamo che sia da tutti osservato. Se nei Seminari si sia ciò trascurato, toccherà ai Vescovi insistere ed esigere che in avvenire si osservi. Lo stesso comandiamo ai Superiori degli Ordini religiosi.

468. *Sarebbe grave danno allontanarsi da San Tommaso?*

Ammoniamo, poi, quelli che insegnano di ben persuadersi che il discostarsi dall'Aquinate, specialmente in cose metafisiche, non avviene senza grave danno.

469. *Con quali parole Papa Pio X raccomanda lo studio della Teologia?*

«Posto così il fondamento della filosofia, si innalzi con somma diligenza l'edificio teologico. Venerabili Fratelli, promuovete con ogni industria possibile lo studio della Teologia, talché i chierici, uscendo dai Seminari, ne portino seco un'alta stima ed un grande amore e l'abbiano sempre carissimo. Dato che nella grande e molteplice copia di discipline che si porgono alla mente cupida di verità, a tutti è noto che alla sacra Teologia appartiene talmente il primo luogo, che fu antico detto dei sapienti, essere dovere delle altre scienze ed arti di servirla e prestarle mano come ancelle».[38]

---

38   Cfr. Leone XIII, Lett. ap. *In magna*, 10 Dic. 1889.

470. *Tuttavia il Sommo Pontefice non encomia quelli che insegnano la Teologia positiva?*

Aggiungiamo qui, sembrarci altresì degni di lode coloro, che, salvo il rispetto alla Tradizione, ai Padri, al Magistero ecclesiastico, con saggio criterio e con norme cattoliche (ciò che non sempre da tutti si osserva) cercano di illustrare la teologia positiva, attingendo lume dalla storia di vero nome.

471. *Che bisogna evitare insegnando la Teologia positiva?*

Certamente che alla teologia positiva deve ora darsi più larga parte che per il passato: ciò nondimeno deve farsi in guisa, che nulla ne venga a perdere la teologia scolastica, e si disapprovino quali fautori del Modernismo coloro che tanto innalzino la teologia positiva da sembrare quasi spregiare la scolastica.

472. *Con che norma bisogna procedere nello studio delle scienze naturali?*

In quanto alle discipline profane basti richiamare quel che il Nostro Predecessore disse con molta sapienza[39] : *Adoperatevi strenuamente nello studio delle cose naturali: nel qual genere gli ingegnosi ritrovati e gli utili ardimenti dei nostri tempi, come di ragione sono ammirati dai presenti così dai posteri avranno perpetua lode ed encomio.* Questo però senza danno degli studi sacri: il che ammoniva lo stesso Nostro Predecessore con

---

39   *Allocuz. 7 Marzo 1880.*

queste altre gravissime parole[40]: *La causa di siffatti errori, chi la ricerchi diligentemente, sta principalmente in ciò che di questi nostri tempi, quanto più fervono gli studi delle scienze naturali, tanto più sono venute meno le discipline più severe e più alte: alcune di queste infatti sono quasi poste in dimenticanza; alcune sono trattate stancamente e con leggerezza, e ciò che è indegno, perduto lo splendore della primitiva dignità, sono deturpate da prave sentenze e da enormi errori.* Con questa legge ordiniamo che si regolino nei Seminari gli studi delle scienze naturali.

473. *Con quanta prudenza e con quali norme bisogna scegliere i maestri per i Seminari ed Università cattoliche?*

A questi ordinamenti tanto Nostri che del Nostro Antecessore fa mestieri volgere l'attenzione ogni volta che si tratti di scegliere i moderatori ed i maestri così dei Seminari come delle Università cattoliche. Chiunque in alcun modo sia infetto di Modernismo, senza riguardi di sorta si tenga lontano dall'ufficio così di reggere e così d'insegnare: se già si trovi con tale incarico, ne sia rimosso. Parimente si faccia con chiunque o in segreto o apertamente favorisce il Modernismo, sia lodando i modernisti, sia attenuando la loro colpa, sia criticando la scolastica, i Padri, il Magistero ecclesiastico, sia ricusando obbedienza alla Potestà ecclesiastica da qualunque persona essa si eserciti: e similmente con chi in materia storica, archeologica e biblica si mostri amante di novità: e finalmente, con quelli altresì che non si curano degli studi sacri o paiono a questi anteporre i profani. In questa parte, o Venerabili Fratelli, e specialmente nella scelta dei maestri, non sarà mai eccessiva la

---

40   *Allocuz. 7 Marzo 1880.*

vostra attenzione e fermezza; essendoché sull'esempio dei maestri si formano per lo più i discepoli. Poggiati, dunque, sul dovere di coscienza, procedete in questa materia con prudenza sì, ma con fortezza.

474. *Con che vigilanza bisogna scegliere i candidati al Sacerdozio?*

Con non minor vigilanza e severità dovrete esaminare e scegliere chi debba essere ammesso al Sacerdozio. Lungi, lungi dal clero l'amore di novità: Dio non vede di buon occhio gli animi superbi e contumaci!

475. *A quali altre condizioni, perché sia valida, deve essere conferita la laurea in teologia e diritto canonico?*

A nessuno in avvenire si conceda la laurea di teologia o di diritto canonico, che non abbia prima compiuto per intero il corso stabilito di filosofia scolastica. Se tale laurea, ciò non ostante venisse concessa, sia nulla.

476. *Quali sono le ordinazioni, che fatte in Italia per i chierici regolari e secolari, devono d'ora innanzi rimanere estese a tutte le nazioni?*

Le ordinazioni[41] che la sacra Congregazione dei Vescovi e Regolari emanò nell'anno 1896 per i chierici d'Italia dell'uno e dell'altro clero circa il frequentare le Università, stabiliamo che d'ora innanzi rimangano estese a tutte le nazioni.

477. *Che altra proibizione aggiunge il Sommo Pontefice?*

---

41   *Gli ordini, ndR.*

I chierici e sacerdoti iscritti ad un Istituto o ad una Università cattolici non potranno seguire nelle Università civili quei corsi, di cui vi siano cattedre negli Istituti cattolici ai quali essi appartengono. Se in alcun luogo si è ciò permesso per il passato, ordiniamo che non si faccia più nell'avvenire.

478. *Che debbono fare i Vescovi che formano il consiglio direttivo di queste Università ed Istituti?*

I Vescovi che formano il consiglio direttivo di siffatti cattolici Istituti o cattoliche Università veglino con ogni cura perché questi Nostri comandi vi si osservino costantemente.

479. *Che dovere incombe ai Vescovi per quel che riguarda gli scritti infetti di Modernismo?*

È parimenti officio dei Vescovi impedire che gli scritti infetti di Modernismo o ad esso favorevoli si leggano se sono già pubblicati, o, se non lo sono, proibire che si pubblichino.

480. *Qual è il loro obbligo, su questo punto, nei Seminari ed Università?*

Qualsivoglia libro o giornale o periodico di tal genere non si dovrà mai permettere o agli alunni dei Seminari o agli uditori delle Università cattoliche: il danno che ne proverrebbe non sarebbe minore di quello delle letture immorali; sarebbe anzi peggiore, perché ne andrebbe viziata la radice stessa del vivere cristiano.

481. *Debbonsi usare le stesse misure a riguardo delle opere scritte*

dai cattolici imbevuti di filosofia moderna e poco sicuri in teologia?

Né diversamente si dovrà giudicare degli scritti di taluni cattolici, uomini del resto di non malvagie intenzioni, ma che digiuni di studi teologici e imbevuti di filosofia moderna, cercano di accordare questa con la fede e di farla servire, come essi dicono, ai vantaggi della fede stessa. Il nome e la buona fama degli autori fa sì che tali libri siano letti senza verun timore, e sono quindi più pericolosi per trarre a poco a poco al Modernismo.

482. *I Vescovi sono forse obbligati a condannare pubblicamente e solennemente i libri perniciosi penetrati nelle loro diocesi?*

Per dar poi, o Venerabili Fratelli, disposizioni più generali in sì grave materia, se nelle vostre diocesi corrono libri perniciosi, adoperatevi con fortezza a sbandirli, facendo anche uso di solenni condanne. Benché questa Sede Apostolica ponga ogni opera nel togliere di mezzo siffatti scritti; tanto oggimai ne è cresciuto il numero, che a condannarli tutti non bastano le forze. Quindi accade che la medicina giunga talora troppo tardi, quando cioè per il troppo attendere il male ha già preso piede. Vogliamo dunque che i Vescovi, deposto ogni timore, messa da parte la prudenza della carne, disprezzando il gridio[42] dei malvagi, soavemente sì ma con costanza, adempiano ciascuno le sue parti; memori di quanto prescriveva Leone XIII nella Costituzione apostolica *Officiorum*: «Gli Ordinari, anche come Delegati della Sede Apostolica, si adoperino di proscrivere e di togliere

____

42   *Tumultuoso e fastidioso susseguirsi di grida o di gridi, ndR.*

dalle mani dei fedeli i libri o altri scritti nocivi stampati o diffusi nelle proprie diocesi». Con queste parole si concede, è vero, un diritto: ma s'impone in pari tempo un dovere. Né stimi veruno di avere adempiuto cotale dovere, se deferisca a Noi l'uno o l'altro libro, mentre altri moltissimi si lasciano divulgare e diffondere.

483. *I Vescovi possono, debbono anche qualche volta condannare libri muniti dell'Imprimatur?*

Né in ciò vi deve rattenere il sapere che l'autore di qualche libro abbia altrove ottenuto l'*Imprimatur*; sia perché tal concessione può essere simulata, sia perché può essere stata fatta per trascuratezza, o per troppa benignità, o per troppa fiducia dell'autore: il quale ultimo caso può talora avverarsi negli Ordini religiosi. Aggiungasi che, come non ogni cibo si confà a tutti egualmente, così un libro che in un luogo sarà indifferente, in un altro, per le circostanze, può tornare nocivo. Se pertanto il Vescovo, udito il parere di persone prudenti, stimerà di dover condannare nella sua diocesi anche qualcuno di siffatti libri, gliene diamo ampia facoltà, anzi glielo rechiamo a dovere. Intendiamo bensì che si serbino in tal fatto i riguardi convenienti, bastando forse che la proibizione si restringa talora soltanto al clero.

484. *Ristretta la proibizione al clero solo, possono, i librai cattolici, continuare a vendere i libri proibiti?*

Ma eziandio[43] in tal caso sarà obbligo dei librai cattolici di

---

43 *Ancora, altresì, ndR.*

non porre in vendita i libri condannati dal Vescovo.

485. *Quali sono gli obblighi dei Vescovi per riguardo ai librai cattolici?*

E poiché Ci cade il discorso, vigilino i Vescovi che i librai per bramosia di lucro non spaccino merce malsana: il certo è che nei cataloghi di taluni di costoro si annunziano di frequente e con lode non piccola i libri dei modernisti. Se essi ricusano di obbedire, non dubitino i Vescovi di privarli del titolo di librai cattolici; similmente e con più ragione, se avranno quello di vescovili, che se avessero titolo di pontifici, si deferiscano alla Sede Apostolica. A tutti finalmente ricordiamo l'articolo xxvi della mentovata Costituzione Apostolica *Officiorum*: «Tutti coloro che abbiano ottenuta facoltà apostolica di leggere e ritenere libri proibiti, non sono perciò autorizzati a leggere libri o giornali proscritti dagli Ordinari locali, se pure nell'indulto apostolico non sia data espressa facoltà di leggere e ritenere libri condannati da chicchessia».

486. *Che dovere incombe ai Vescovi in materia di pubblicazioni?*

Ma non basta impedire la lettura o la vendita dei libri cattivi; fa d'uopo impedirne altresì la stampa. Quindi i Vescovi non concedano la facoltà di stampa se non con la massima severità.

487. *Debbono i Vescovi istituire dei Censori d'ufficio?*

E poiché è grande il numero delle pubblicazioni, che a seconda della Costituzione *Officiorum* esigono l'autorizzazione dell'Ordinario; in talune diocesi si sogliono determinare in numero conveniente censori di officio per l'esame degli scritti. Somma lode Noi diamo a siffatta istituzione di censura: e non solo esortiamo, ma ordiniamo che si estenda a tutte le diocesi. In tutte adunque le Curie episcopali si stabiliscano censori per la revisione degli scritti da pubblicarsi: si scelgano questi dall'uno e dall'altro clero, uomini di età, di scienza e di prudenza e che nel giudicare sappiano tenere il giusto mezzo.

488. *Quale sarà l'ufficio dei Censori?*

Spetterà ad essi l'esame di tutto quello che secondo gli articoli XLI e XLII della detta Costituzione ha bisogno di permesso per essere pubblicato. Il Censore darà per iscritto la sua sentenza. Se sarà favorevole, il Vescovo concederà la facoltà di stampa con la parola *Imprimatur*, la quale però sarà preceduta dal *Nihil obstat* e dal nome del Censore.

489. *Debbono essere istituiti dei censori anche nella Curia romana?*

Anche nella Curia romana, non altrimenti che nelle altre, si stabiliranno censori di ufficio. L'elezione dei medesimi, dopo interpellato il Cardinale Vicario e con l'annuenza[44] ed approvazione dello stesso Sommo Pontefice, spetterà al Maestro del sacro Palazzo Apostolico. A questo pure toccherà determinare per ogni singolo scritto il Censore che lo esamini. La facoltà di stampa sarà concessa dallo stesso Maestro ed insieme dal Cardinale Vicario o dal suo Vicegerente, premesso però, come

---

44   *Azione e risultato dell'annuire; consenso, assenso, ndR.*

sopra si disse, il *Nulla osta* col nome del Censore.

490. *Si potrà qualche volta omettere la menzione del Censore?*

Solo in circostanze straordinarie rarissimamente si potrà, a prudente arbitrio del Vescovo, omettere la menzione del Censore.

491. *Che precauzioni bisognerà prendere per proteggere il Censore?*

Agli autori non si farà mai conoscere il nome del Censore, prima che questi abbia dato giudizio favorevole, affinché il censore stesso non abbia a patir molestia o mentre esamina lo scritto o in caso che ne disapprovi la stampa.

492. *Sotto quali condizioni un Censore potrà essere scelto fra i religiosi d'un Istituto?*

Mai non si sceglieranno Censori dagli Ordini religiosi senza prima averne segretamente il parere del Superiore provinciale, o, se si tratta di Roma, del Generale: questi poi dovranno secondo coscienza attestare dei costumi, della scienza e della integrità della dottrina dell'eligendo.

493. *Di che approvazioni debbono essere munite le opere pubblicate dai religiosi?*

Ammoniamo i Superiori religiosi del gravissimo dovere che essi hanno di mai non permettere che alcun che si pubblichi dai loro sudditi senza la previa facoltà loro e dell'Ordinario diocesano.

494. *Il Censore può arrecare il suo titolo come argomento per difendere opinioni personali?*

Per ultimo affermiamo e dichiariamo che il titolo di Censore, di cui taluno sia insignito, non ha verun valore né mai si potrà arrecare come argomento per dar credito alle private opinioni del medesimo.

495. *I membri del clero regolare o secolare possono dirigere riviste o giornali senza il permesso degli Ordinarli?*

Detto ciò generalmente, nominatamente ordiniamo un'osservanza più diligente di quanto si prescrive nell'articolo xlii della citata Costituzione *Officiorum*, cioè: «È vietato ai sacerdoti secolari, senza previo permesso dell'Ordinario, prendere la direzione di giornali o di periodici». Del quale permesso, dopo ammonitone, sarà privato chiunque ne facesse mal uso.

496. *Quali sono i doveri dei Vescovi riguardo ai corrispondenti o collaboratori di riviste e giornali?*

Circa quei sacerdoti, che hanno titolo di *corrispondenti* o *collaboratori*, poiché avviene non raramente che pubblichino, nei giornali o periodici, scritti infetti di Modernismo; vedano i Vescovi che ciò non avvenga; e se avvenisse, ammoniscano e diano proibizione di scrivere.

497. *Qual è il dovere dei Superiori dei Religiosi e, in caso di trascuratezza, dei Vescovi?*

Lo stesso con ogni autorità ammoniamo che facciano i Superiori degli Ordini religiosi: i quali, se si mostrassero in ciò trascurati, provvedano i Vescovi con autorità delegata dal Sommo Pontefice.

498. È necessario assegnare un Censore per ogni rivista o giornale? Quale sarà il suo diritto e quello del Vescovo?

I giornali e periodici pubblicati dai cattolici abbiano, per quanto sia possibile, un Censore determinato. Sarà obbligo di questo leggere opportunamente i singoli fogli o fascicoli dopo già pubblicati: se cosa alcuna troverà di pericoloso, ordinerà che sia corretto quanto prima. Lo stesso diritto avrà il Vescovo, anche in caso che il Censore non abbia reclamato.

499. Quali regole sono imposte ai Sacerdoti per organizzare un congresso sacerdotale o per prendervi parte?

Ricordammo già sopra i congressi e i pubblici convegni come quelli nei quali i modernisti si adoperano di propalare e propagare le loro opinioni. I Vescovi non permetteranno più in avvenire, se non in casi rarissimi, i congressi di sacerdoti. Se avverrà che li permettano, lo faranno solo a questa condizione che non vi si trattino cose di pertinenza dei Vescovi o della Sede Apostolica, non vi si facciano proposte o postulati che implichino usurpazione della sacra Potestà, non vi si faccia affatto menzione di quanta sa di Modernismo, di presbiterianismo, di laicismo. A tali convegni, che dovranno solo permettersi volta per volta e per iscritto ed in tempo opportuno, non potrà intervenire sacerdote alcuno di altra diocesi, se non porti commendatizie del proprio Vescovo. A tutti i sacerdoti poi non passi mai di mente ciò che Leone XIII raccomandava con parole gravissime[45]: «Sia intangibile presso i sacerdoti l'autorità dei propri Vescovi: si persuadano che il ministero sacerdotale, se non si esercita sotto la direzione del Vescovo, non sarà né santo, né molto utile, né rispettabile».

500. *Citate le parole con le quali Pio X ordina la costituzione dei Consigli di vigilanza in ogni diocesi?*

Ma che gioveranno, o Venerabili Fratelli, i Nostri comandi e le Nostre prescrizioni, se non si osservino a dovere e con fermezza? Perché questo si ottenga, Ci è parso espediente stendere a tutte le diocesi ciò che i Vescovi dell'Umbria[46], molti anni or sono, con savissimo consiglio stabilirono per le loro. «Ad estirpare, così essi, gli errori già diffusi e ad impedire che più oltre si diffondano o che esistano tuttavia maestri di empietà, per i quali si perpetuino i perniciosi effetti originati da tale diffusione; il sacro Congresso, seguendo gli esempi di San Carlo Borromeo, stabilisce che in ogni diocesi si istituisca un consiglio di uomini commendevoli dei due cleri, a cui spetti il vigilare se e con quali arti i nuovi errori si dilatino o si propaghino, e farne avvertito il Vescovo perché di concorde avviso prenda rimedi con cui il male si estingua fin dal principio e non si spanda di vantaggio a rovina delle anime, e ciò che è peggio si rafforzi e cresca». Stabiliamo, dunque, che un siffatto Consiglio, che si chiamerà *di vigilanza,*

---

45 *Lettera Enc. Nobilissima Gallorum, 10 febbraio 1884.*
46 *Atti del Congr. dei Vescovi dell'Umbria, novembre 1849, Tit. II art. 6.*

si istituisca quanto prima in tutte le diocesi.

501. *Come si debbono scegliere i membri del Consiglio di Vigilanza?*

I membri di esso si sceglieranno con le stesse norme già prescritte per i Censori dei libri.

502. *Quando debbono riunirsi; e sono essi obbligati al segreto?*

Ogni due mesi, in giorno determinato, si raccoglierà in presenza del Vescovo: le cose trattate o stabilite saranno sottoposte a legge di segreto.

503. *Qual è l'ufficio dei membri del Consiglio di Vigilanza?*

I doveri degli appartenenti al Consiglio saranno i seguenti. Scrutino con attenzione gli indizi di Modernismo tanto nei libri che nell'insegnamento: con prudenza, prontezza ed efficacia stabiliscano quant'è d'uopo per la incolumità del clero e della gioventù.

504. *Quale dev'essere l'oggetto della loro attenzione speciale?*

Combattano le novità di parole, e rammentino gli ammonimenti di Leone XIII[47]: *Non si potrebbe approvare nelle pubblicazioni cattoliche un linguaggio che ispirandosi a malsana novità, sembrasse deridere la pietà dei fedeli ed accennasse a nuovi orientamenti della vita cristiana, a nuove direzioni della Chiesa, a nuove aspirazioni dell'anima moderna, a nuova, vocazione del clero, a nuova civiltà*

---

47   *S. C. AA. EE. SS., 27 gennaio 1902.*

cristiana. Tutto questo non si sopporti così nei libri come dalle cattedre.

505. *Debbono sorvegliare le opere che trattano di pie tradizioni locali e di Reliquie?*

Non trascurino i libri nei quali si tratti o delle pie tradizioni di ciascun luogo o delle sacre Reliquie. Non permettano che tali questioni si agitino nei giornali o in periodici destinati a fomentare la pietà, né con espressioni che sappiano di ludibrio o di disprezzo, né con affermazioni risolute, specialmente, come il più delle volte accade, quando ciò che si afferma o non passa i termini della probabilità o si basa su pregiudicate opinioni.

506. *Quali norme si debbono avere circa le sacre Reliquie?*

Circa le sacre Reliquie si abbiano queste norme. Se i Vescovi, i quali sono soli giudici in questa materia, conoscano con certezza che una Reliquia sia falsa, la toglieranno senz'altro dal culto dei fedeli. Se le autentiche di una Reliquia qualsiasi, o per i civili rivolgimenti o in altra guisa, si siano smarrite: non si esponga alla pubblica venerazione, se prima il Vescovo non ne abbia fatta ricognizione. L'argomento di prescrizione o di fondata presunzione allora solo avrà valore, quando il culto sia commendevole per antichità: il che risponde al Decreto emanato nel 1896 dalla Congregazione delle Indulgenze e sacre Reliquie, in questi termini: *Le Reliquie antiche sono da conservarsi nella venerazione che finora ebbero, se pure in casi particolari non si abbiano argomenti certi che sono false o supposte.*

507. *Quali sono le norme da seguire nei giudizi delle pie tradizioni?*

Nel portar poi giudizio delle pie tradizioni si tenga sempre presente che la Chiesa in questa materia fa uso di tanta prudenza, da non permettere che tali tradizioni si raccontino nei libri, se non con grandi cautele e premessa la dichiarazione prescritta da Urbano VIII: il che, pure adempiuto, non perciò ammette la verità del fatto, ma solo non proibisce che si creda, ove a farlo non manchino argomenti umani. Così appunto la sacra Congregazione dei Riti dichiarava fin da trent'anni addietro[48]: «Siffatte apparizioni o rivelazioni non furono né approvate né condannate dalla Sede Apostolica, ma solo passate come da piamente credersi con sola fede umana, conforme alla tradizione di cui godono, confermata pure da idonei testimoni e documenti». Nessun timore può ammettere chi a questa regola si tenga. Imperocché il culto di qualsivoglia Apparizione, in quanto riguarda il fatto stesso e dicesi *relativo*, ha sempre implicita la condizione della verità del fatto: in quanto poi è *assoluto*, si fonda sempre nella verità, giacché si dirige alle persone stesse dei Santi che si onorano. Lo stesso vale delle Reliquie.

508. *Finalmente il Consiglio di vigilanza deve sorvegliare le istituzioni sociali e gli scritti sulle questioni sociali?*

Commettiamo infine al Consiglio di vigilanza, di tenere d'occhio assiduamente e diligentemente gli istituti sociali come pure gli scritti di questioni sociali, affinché nulla vi si celi di Modernismo, ma ottemperino alle prescrizioni dei Romani

---

48   *Decr. 2 maggio 1877.*

Pontefici.

509. *Che cosa prescrive in ultimo il Sommo Pontefice a tutti i Vescovi ed a tutti i Superiori generali di Ordini religiosi?*

Le cose fin qui stabilite affinché non vadano in dimenticanza, vogliamo ed ordiniamo che i Vescovi di ciascuna diocesi, trascorso un anno dalla pubblicazione delle presenti Lettere, e poscia ogni triennio, con diligente e giurata esposizione riferiscano alla Sede Apostolica intorno a quanto si prescrive in esse, e sulle dottrine che corrono in mezzo al clero e soprattutto nei Seminari ed altri Istituti cattolici, non eccettuati quelli che pur sono esenti dalla autorità dell'Ordinario. Lo stesso imponiamo ai Superiori generali degli Ordini religiosi a riguardo dei loro dipendenti.

Conclusione

510

510. *Come concludiamo questo Catechismo sul Modernismo?*

Queste cose, o Venerabili Fratelli, abbiamo creduto di scrivervi per salute di ogni credente. I nemici della Chiesa certamente ne abuseranno per ribadire la vecchia accusa, per cui siamo fatti passare come avversi alla scienza ed al progresso della civiltà. A tali accuse, che trovano smentita in ogni pagina della storia della Chiesa, affine di opporre alcunché di nuovo, è Nostro consiglio di accordare ogni favore e protezione ad un nuovo Istituto, da cui, con l'aiuto di quanti fra i cattolici sono più insigni per fama di sapienza, ogni fatta di scienza e di erudizione, sotto la guida ed il Magistero della cattolica verità, sia promosso. Assecondi Iddio i Nostri disegni e ci prestino aiuto quanti di vero amore amano la Chiesa di Gesù Cristo. Ma di ciò in altra opportunità. A voi intanto, o Venerabili Fratelli, della cui opera e zelo sommamente confidiamo, imploriamo di tutto cuore la pienezza dei lumi celesti, affinché, in tanto periglio delle anime per gli errori che da ogni banda s'infiltrano, scorgiate quel che far vi convenga, e con ogni ardore e fortezza lo eseguiate. Vi assista con la sua virtù Gesù Cristo autore e consumatore della nostra fede; vi assista coll'intercessione e con l'aiuto la Vergine Immacolata profligatrice[49] di tutte le eresie. E Noi, come pegno della Nostra carità e delle divine consolazioni fra tante contrarietà, impartiamo con ogni affetto a voi, al vostro clero ed ai vostri fedeli l'Apostolica Benedizione.

Dato a Roma, presso San Pietro,
il giorno 8 Settembre 1907,
nell'anno V del Nostro Pontificato.

Pio PP. X

---

49   *Debellatrice, ndR.*

Indice degli articoli con numero di pagina

A

Diversamente dall'edizione originale, ho preferito assegnare una numerazione progressiva ad ogni singolo articolo: dal numero 1 al 510, ndR.

Indice degli articoli con numero di pagina

Sub Tuum praesidium Immaculata

D

E

F

G

H

I

Indice degli articoli con numero di pagina

Sub Tuum praesidium Immaculata

Ma così si avrà la variazione sostanziale dei dogmi? 36

Ma, di più, questo tentativo d'arrivare a Dio per mezzo del sentimento religioso non è vano per un altro riguardo? 119

Ma dove, dunque, essi trovano tracce di questa pretesa evoluzione vitale? 93

Ma è possibile che ve ne siano pure negli Ordini religiosi? 138

Ma forse non parlano così che per modo di un'argomentazione *ad hominem* e non per convinzione personale? 100

Ma i modernisti non arrossiscono giustificando così le contraddizioni? 107

Ma i modernisti non rivendicheranno una superiorità per la religione cattolica? 42

Ma in realtà che succede? 140

Ma, insomma, che ci vuole per compiacere codesti teologi modernisti? 70

Ma le conseguenze della loro dottrina dovrebbero fare inorridire e indietreggiare questi cattolici e questi preti? 16

Ma ormai - dopo avere osservato nei seguaci del Modernismo il filosofo, il teologo, il credente - che ci resta da osservare? 81

Ma pareva che il sentimento, secondo i modernisti, dovesse bastare per presentarci Dio, che è *l'oggetto* e *l'autore* della fede? 32

Ma, poiché queste formole devono essere viventi della medesima vita del sentimento religioso, bisognerà dunque costruirle a bella posta per il sentimento religioso? 36

Ma possono anche qui provarsi di scusare gli errori? 106

Ma questa è pura democrazia! È lo stesso che subordinare il potere dottrinale al giudizio del popolo? 69

Ma questi cattolici, più o meno modernisti, non nutrono buone intenzioni muovendo così guerra alle tradizioni del passato? 139

Ma questi cattolici, questi sacerdoti che cosa pretendono? 30

Ma questi libri ascetici sono buone guide in queste materie? 121

Ma questi uomini saranno stupefatti di essere contati dalla Santi Vergine fra i nemici della Chiesa? 15

Ma questo modo di guadagnare i giovani al Modernismo a forza di strepito e di audacia, non appartiene agli artifizi annunziati sopra? 137

Ma questo non è lo stesso che dire gli errori divenire legittimi e veri dal momento che rispondono alle necessità dell'adattamento vitale? 104

Ma, Santo Padre, non altri che gl'increduli parlano a questo modo? 30

Ma se così è, come mai ci sono uomini che non hanno questa esperienza di Dio? 40

Ma, se da un lato questi storici modernisti fanno pietà, non provocano pure, dall'altro, il nostro giusto sdegno? 92

Ma se Gesù Cristo non ha recato al mondo che il germe della religione cattolica, che lavorìo dovranno fare i modernisti intorno a questo germe? 101

N

O

P

 Sᴜʙ Tᴜᴜᴍ ᴘʀᴀᴇsɪᴅɪᴜᴍ Iᴍᴍᴀᴄᴜʟᴀᴛᴀ

no secondo la dottrina dei modernisti, del campo della coscienza? 23

Questo Cristo della fede, Cristo non reale, secondo i modernisti, dove si trova specialmente descritto? 87

Questo desiderio ed esigenza, che essi credono trovare in noi, è per una qualunque religione? 108

Questo doppio lavoro di trasfigurazio-ne e di sfiguramento in qual fenomeno, secondo i modernisti, viene soprattutto ad operarsi? 28

Questo doppio motivo non chiarisce la forma quasi didattica dell'esposizione fatta da noi del Modernismo? 117

Quindi, qualora si ricercasse se Cristo abbia fatto dei veri miracoli e vere profezie, se veramente sia risorto ed asceso al cielo, che risponderanno? 46

R

Ribelli all'Autorità della Chiesa, i teologi modernisti accorderanno almeno alla Chiesa il diritto d'un culto solenne e d'un certo apparato esterno? 70

Riprendendo il filo del ragionamento, che pensa la massima parte degli uo-mini di questo sentimento e di questa esperienza? 122

Ristretta la proibizione al clero solo, possono, i librai cattolici, continuare a vendere i libri proibiti? 149

S

Santissimo Padre, non avete la speranza di richiamare questi traviati? 17

Santissimo Padre, questi nemici nascosti, che causano tanto rammarico al Vostro cuore, sarebbero mai tra i cattolici? Se ne scoprono fra i Sacerdoti? 14

Sarebbe grave danno allontanarsi da San Tommaso? 143

Sarebbe questo, dunque, il compito dell'intelletto nell'atto di fede modernista? 32

Se a ciò si oppone che nel mondo visibile vi sono cose che pure appartengono alla fede, come la vita umana di Cristo? 45

Secondo i teologi modernisti, l'autorità della Chiesa dipende dunque dalla coscienza collettiva? 63

Secondo l'idea dei modernisti qual è, insomma, la loro intenzione finale? 65

Secondo loro dunque non vi è dissidio possibile fra la scienza e la fede? 45

Secondo loro l'ispirazione è universale? Che cos'è, come la intendono, dal punto di vista cattolico? 61

Secondo questa concezione modernista, qual è il principio della fede e quindi anche della religione? 23

Se la dottrina dei modernisti sull'esperienza religiosa conduce all'ateismo, essi non troveranno nella loro dottrina del simbolismo un mezzo onde evitare questo pericolo? 122

Se la fede e la scienza si tengono in campi assolutamente separati, non vi sarà dunque, secondo i modernisti,

Indice degli articoli con numero di pagina

T

Sommario

Per il Padre Lemius

*+ Requiem aeternam
dona ei, Domine,
et lux perpetua luceat ei.
Requiescat in pace.
Amen +*

Stampato

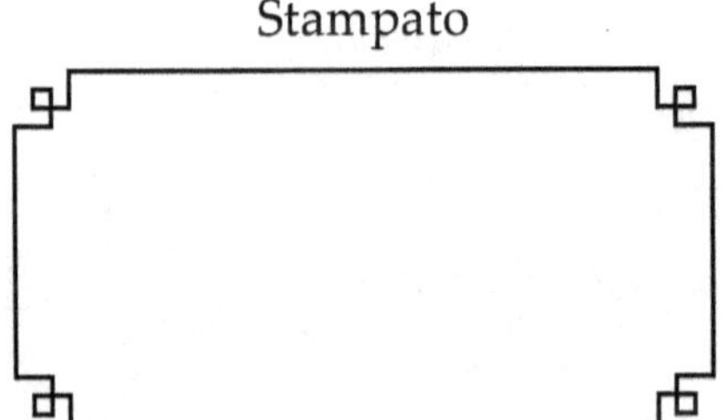

www.ingramcontent.com/pod-product-compliance
Lightning Source LLC
LaVergne TN
LVHW091458170726
843492LV00001B/244
9788890074783